¿POR QUÉ FRACASÓ LA DEMOCRACIA EN CUBA?

COLECCIÓN CUBA Y SUS JUECES

EDICIONES UNIVERSAL, Miami, Florida, 1993

LUIS FERNÁNDEZ-CAUBÍ

¿POR QUÉ FRACASÓ LA DEMOCRACIA EN CUBA?

© Copyright 1993 by Luis Fernández Caubí

Primera edición, 1993

EDICIONES UNIVERSAL
P.O. Box 450353 (Shenandoah Station)
Miami, FL, 33245-0353. USA
Tel: (305)642-3234   Fax: (305)642-7978

Library of Congress Catalog Card No.: 93-71035

I.S.B.N.: 0-89729-680-X

ÍNDICE

PRIMERA PARTE

I.- ¿POR QUÉ FRACASÓ LA DEMOCRACIA EN CUBA?:

    El Concepto 15
    El Legado Griego 16
    De la Oligarquía... 17
    La Democracia 17
    Roma 18
    Y su Aporte 19
    El Legado y el Aporte 20
    La Democracia en Nuestra Historia 21
    La República 22
    El Lastre de la Colonia 22
    Un Ejemplo Dramático 24
    El Ejecutivo Hipertrofiado 26
    La Falta de Concordia 27
    El Fracaso 29
    El Futuro 29
    Apéndices 31

II.- EL PEQUEÑO MACHADO QUE TODOS LLEVAMOS
    DENTRO 33

III.- ENTRE EL PEDESTAL Y LA LÁPIDA,
    UNA ENSEÑANZA 37

IV.- ¿DONDE ESTÁN LOS SUIZOS? 41

V.- CONTRAPUNTEO EN LA DESAPARECIDA REPÚBLICA:

    El Tiburón y el Mayoral 45
    El Licenciado y el Carnicero 47
    Ocho Presidentes en Siete Años 48
    El Guajirito y el Profesor 50
    Invitación a la Reflexión 51

VI.- ¿POR QUE LOS GOLPES DE ESTADO?:
UNA TEORÍA 53

VII.- LA CONCORDIA 57

SEGUNDA PARTE

VIII.- AGUDEZA MENTAL EN LA CONSTITUYENTE:

Una Explicación 63
El Panteón 65
El Espiritismo de Blas Roca 65
Una Pequeñez 67
Y un susto 68
Enter Chibás 68
Presencia de Jorge Mañach 69
El Monte Everest de la Convención 70
Ingenio de la Polémica 73
Una que perdió 74
En el Cincuentenario 75

IX.- PRIMERO DE MAYO

Las Primeras Celebraciones 77
Llega la República 78
Un Decreto y un Olivo 80
Tensiones y Sangre 81
Climax 83
Anticlimax 84
Final 85

X.- LOS PRESIDENTES CUBANOS QUE SUFRIERON
PRISIÓN 86

XI.- EL APÓSTOL, LA REVOLUCIÓN Y
LAS PASIONES 89

PALABRAS DE GRATITUD:

Para Carmen Steegers, porque su contribución hizo posible que este trabajo pasara, del podio a la imprenta, y "de las musas al teatro".

PRIMERA PARTE

UNA CONFERENCIA Y SEIS ARTÍCULOS

¿POR QUÉ FRACASÓ LA DEMOCRACIA EN CUBA?[1]

---

[1] Conferencia pronunciada ante la Asociación Cubana de Mujeres Universitarias (ACMU) el domingo 13 de diciembre de 1992.

Los países alcanzan la independencia con más o menos facilidad; pero crean repúblicas con inmensas dificultades.
Máximo Gómez.

La democracia es la forma de gobierno menos mala que se conoce.
Winston Churchill.

La democracia es, y será por mucho tiempo, la doctrina más digna de la humanidad.
Jorge Mañach.

Aquellos que no recuerdan el pasado están condenados a repetirlo.
George Santayana.

Este trabajo se escribió
para hacer pensar
y no para molestar.
Si molesta,
lo deploro
y si hace pensar
habré hecho una contribución
a la futura Cuba democrática.

No hace muchos años, el conocido autor francés JEAN FRANCOIS REVEL se planteaba que "tal vez la democracia haya sido en la historia un accidente, un breve paréntesis que vuelve a cerrarse ante nuestros ojos". Su libro constituyó un éxito mundial de librería por cuanto planteaba la angustia de la época. ¿Terminarán las democracias? ¿Se tratará de un lujo que sólo pudieron permitirse los Estados Unidos, Inglaterra y algunas otras naciones de la Comunidad Británica? ¿Fue una experiencia a la que tuvieron acceso Francia, Bélgica, Holanda y los países escandinavos, pero que nunca estuvo al alcance de España y sus cachorros?.

La fallida vocación democrática de los pueblos es parte de lo que ahora se llama "*ANGUSTIA EXISTENCIAL*", sobre todo en la América Latina donde se había superado "*LA INTERNACIONAL DE LOS SABLES*" para recaer lamentablemente en el Perú y ver a Venezuela al borde del abismo. Sobre todo en Cuba que en sus 57 años de República, aún antes de caer en el barranco del que todavía no hemos salido, la democracia siempre fue una aspiración que nunca pasó de ser un ensayo.

El Concepto

Etimológicamente, democracia quiere decir autoridad del pueblo y en su acepción moderna, es un concepto que han contribuido a modelar dos culturas, una religión y dos revoluciones. Consideramos democrática una sociedad en que la legitimidad del gobierno surge del consentimiento de los gobernados, en que se respetan los derechos, la autoridad está sometida al imperio de la ley y, cuando lo reclama la mayoría, el poder transita pacíficamente del partido de gobierno al partido de oposición. En última instancia la democracia es eso. Nada más y nada menos.

El Legado Griego

En el siglo VI, anterior a la Era Cristiana, en las islas y en las dos penínsulas situadas a la orilla del Mar Egeo, hubo un florecimiento sin precedentes del espíritu humano: *"EL MUNDO GRIEGO"*. En la porción de Asia separada de Europa por el estrecho que aún llamamos el Helesponto, en las ciudades de Efeso y Mileto y en la pequeña isla de Samos, se cultivan la cerámica y la escultura, se refleja la realidad a través de números y puntos y se indaga la razón última de los fenómenos y de las cosas. En la porción europea, en las penínsulas de Atica y Peloponeso y en las islas de Euboea, Delos y Naxos también las mentes indagan y crean.

Se trata de comunidades ferozmente independientes, pero unidas por el lenguaje, la herencia común, la vigorosa tradición heroica que surge de los hexámetros de Homero y los festivales en honor de Zeus, que se celebran cada cuatro años, donde se premia la excelencia y se logra la unidad a través de la competencia en los deportes. Cada una de éstas comunidades a su manera ha tenido un atisbo de la dignidad y el valor inherente al ser humano. Los babilonios y los egipcios se postraban ante sus dioses. Los griegos rendían su culto de pie, como correspondía a un pueblo altivo e independiente que fue capaz de poner el raciocinio donde los otros pueblos antiguos ponían la reverencia.

De la Oligarquía...

De todas estas comunidades que formaban ciudades-estado, el gobierno era de naturaleza oligárquica. Por tradición y porque estaba en el orden natural de las cosas. Los dueños de la tierra, los ancianos, los más valientes, los más ricos y acaso también los más hábiles y los más inteligentes, se reunían en asambleas donde se trazaban las pautas, se resolvían las discordias y se daban las órdenes. Mientras las comunidades agrícolas, comerciales o ganaderas de Tesalia, Corinto y Tebas fueron pequeñas y homogéneas este sistema de gobierno, con todos los poderes concentrados en una élite, funcionó sin contratiempos. Pero a medida que la población aumentó y la comunidad se fue volviendo heterogénea, los oligarcas entraron en crisis.

La historia enseña que el gobierno de unos pocos se convirtió en el gobierno de uno sólo, al que se llamó tirano. En todas partes sucedió así, menos en una ciudad-estado de Atica llamada Atenas. En Atenas cuando la oligarquía hizo su crisis quien se hizo cargo del gobierno no fue un tirano, sino el demos, el pueblo.

La Democracia

La democracia ateniense suele identificarse con Pericles que fue quien la presidió en su apogeo, pero quien sentó sus fundamentos fue Solón. Los descendientes nobles de los clanes tradicionales gobernaban vis-a-vis la gran masa de la población formada por atenienses pobres y por inmigrantes, muchos de ellos esclavos. La brecha entre los ricos y los pobres se había hecho insoportablemente grande. Los campesinos cultivaban la tierra pagando al propietario la casi totalidad de su cosecha. Quien no pagaba sus deudas podía ser reducido a la condición de esclavo. Las penas eran tan severas que el robo de una sola col se castigaba con la muerte.Solón, reputado como un sabio, general victorioso en la campaña por la reconquista de Salamina y jefe de los funcionarios administrativos llamados arcontes, fue quien realizó las reformas que consistieron en dar participación en la política a los ciudadanos libres aunque no fueran nobles.Los varones podían sentarse en la Asamblea y votar en pie de igualdad con los nobles de los clanes. Era un paso en firme hacia la democracia. Pero el Oráculo de Delfos le había dicho que, para navegar "se sentara en medio de la nave". Por ello, para contrapesar el poder de la Asamblea creó el Consejo de los 400, formado por los ricos. Y, siempre en el medio, siguiendo el consejo del Oráculo, estableció que los arcontes serían propuestos por los 400 y electos por la Asamblea.

Es el sentido helénico de la armonía y del equilibrio. Era una democracia a base de balances.(1).

Roma

En el milenio anterior a Cristo un pueblo errante se asentó en un valle cruzado por un río y con siete colinas rodeadas de pantanos. Los recién llegados formaron pequeños asentamientos y, unidos como estaban por la lengua, solían reunirse en una festividad que celebraban anualmente en una explanada común a la que llamaban Foro.

Seiscientos años antes de la era cristiana ya se habían unido formando una ciudad floreciente de 80 mil habitantes, que reclamaba el origen mitológico de haber sido fundada por dos hijos de Marte que fueron amamantados por una loba. Era un pueblo de agricultores y pastores que desecaba pantanos, construía diques, tenía vocación por la ley y ejercía el mando, limitado por la dignidad y las costumbres de los antepasados.

Llamaban a su ciudad Roma y, bajo la influencia de sus vecinos etruscos, estaban incorporados a lo que en la época podía considerarse "modernidad". Eran diestros diseñadores de ciudades, hacían caminos adoquinados, trabajaban los metales, utilizaban el arco en sus construcciones de piedra y conciliaban sus conocimientos prácticos con la deliciosa creencia de que el futuro podía averiguarse observando e interpretando el vuelo de los pájaros. Estaban divididos en clanes y eran gobernados por un rey.

Y su Aporte

En el año 509 A.C. los romanos depusieron a Tarquino el Soberbio e instauraron la República. El poder, llamado imperium y representado por unas varitas llamadas fasces, pasó del rey a dos magistrados que fueron llamados cónsules. Estos funcionarios eran designados por el Senado, un cuerpo controlado por los patricios, y dirigían la política exterior. Los asuntos internos quedaban en manos de funcionarios llamados cuestores, pretores y ediles. Los asuntos religiosos fueron colocados en el Colegio de Pontífices, controlado también por los patricios. Encima de todos ellos se encontraba el Senado, un organismo formado por patricios, que gobernaba a través de unas resoluciones, llamadas senatus-consultus, que no tenían fuerza de ley. Se acataban por el prestigio del alto cuerpo. El Senado estaba llamado a ser el gran escenario de la política romana. Allí se pronunciaron las Catilinarias de Cicerón. Allí habrá de ser asesinado César. La democracia romana se caracterizó por la dispersión del poder entre distintos funcionarios y por la progresiva participación de todos los sectores de la población. Los cónsules conducían la guerra. Los pretores dispensaban la justicia. Los cuestores hacían el censo y se ocupaban de los problemas urbanos. Los pontífices se entendían con la complicada gama de la vida religiosa, con su muchedumbre de dioses tutelares y su influencia en la vida cotidiana a través de la declaración de los días fastos y nefastos.

La República romana duró cinco siglos. Esta larga duración se debió a lo que Cicerón llamó "concordia", esto es, a la creencia acatada por todos que quien debía mandar era el Senado a través de la red de funcionarios encargados del gobierno cotidiano de la guerra y del culto.(2).

El Legado y el Aporte

Grecia y Roma nos dejaron sus vivencias democráticas. La participación del pueblo en el gobierno de la ciudad a través de unas asambleas que limitan el poder de las otras quedó establecido en Grecia y se ratifica en Roma. Pero nos dejaron algo más que el principio; nos dejaron la teoría para el buen gobierno y la técnica para la eficiente administración de la cosa pública.

Bajo un régimen democrático, en tiempos de Pericles, Atenas construyó el Partenón y, bajo la República, Roma derrotó a Cartago.Muchos de los problemas que hoy nos agobian fueron resueltos por el mundo griego y por los romanos. Sabemos que las democracias sólo se mantienen cuando existe un "balance" entre las instituciones y lo que

Cicerón llamo "*concordia*", el general acuerdo sobre cuales son las instituciones que deben gobernar.

La Democracia en nuestra Historia

Esta larga disquisición nos permitirá adentrarnos en el caso cubano con conocimiento de causa. ¿Qué fue la democracia en la historia de Cuba?, ¿una aspiración o una realidad?.

A todo lo largo del siglo XIX luchó el pueblo cubano "para obtener la independencia y establecer una república democrática".

Por una de esas paradojas tan frecuentes en la historia de Cuba fue Fernando VII quien ordenó el estudio de la Constitución de Cádiz y ya en el orden natural de las cosas fue el Obispo de Espada quien creó la primera cátedra de la novel disciplina y el Padre Félix
Varela el primero llamado a desempeñarla. Cuando concurrieron a la Junta de Información delegados de la Isla en el primer cuarto del siglo XIX, lo que reclamaron del gobierno colonial español fue la "inamovilidad de las libertades y los derechos y las garantías constitucionales".

En la década de los años sesenta, Ignacio Agramonte habla de los derechos humanos y dice que "esos derechos deben ser respetados por todos los hombres" y que "el estado que no respeta los derechos humanos destruye la sociedad". En 1868, al alzarse en La Demajagua, Carlos Manuel de Céspedes suscribe un Manifiesto en que proclama la libertad y la igualdad y en que promete "la religiosa obervancia de los derechos imprescriptibles del hombre".

En tres oportunidades, una en Guáimaro, abril de 1869, otra en Jimaguayú, septiembre de 1895 y otra en la

Yaya, octubre de 1897, ese pueblo cubano en armas se reunió en asambleas para acordar una constitución y proclamó "el propósito firme e inquebrantable de obtener la independencia absoluta e inmediata de toda la isla de Cuba "para convertirla en una república democrática".

La República

Aunque mediatizada por la Enmienda Platt se inicia la república el 20 de Mayo de 1902. "Con un pueblo democrático y culto, conocedor de su derecho y el ajeno", como dijera José Martí en el Manifiesto de Montecristi, parecía destinada a vivir en un sistema de democracia y de libertad. Pero no fue así. Apenas cuatro años después de instaurada, Cuba conoció del "gabinete de combate", la guerrita de agosto, y de la intervención americana y después, en dramática secuencia, del cambiazo de Menocal, el alzamiento de 1917, la prórroga de poderes, la mediación de Summer Welles, la caída de Machado, el 4 de septiembre, el 10 de marzo y el 1ro. de enero. La democracia sólo había funcionado de manera intermitente y desembocó en la más feroz de las tiranías. Y lo que nos hemos propuesto es determinar por qué.

El lastre de la Colonia

Se cuenta, y es parte de nuestro folklore, que instaurada la República Don Tomás Estrada Palma exclamó: "Y ahora, procedamos a hacer de Cuba, la Suiza de América". A lo que replicó Rafael Montoro. "Y, bien, ¿dónde están los suizos?"

Enrique José Varona ha descrito en páginas desgarradoras el clima espiritual en que se desenvolvía el cubano en la colonia. El cubano negro no pasaba de ser "una propiedad semoviente" y el criollo blanco había comprado el "derecho a tener siervo a costa del derecho a tener dignidad". Era una sociedad en que todo "estaba gangrenado", todo estaba envilecido y, sencilla y dolorosamente, no existían ciudadanos que pudieran servir de base y sustento a esa difícil y rara realización conjunta de gobernantes y gobernados que es una democracia.

De la colonia el poderoso sale abusador y el débil sumiso y halagador. Ello da origen a los dos vicios fundamentales del carácter del cubano que parecen haberlo inhabilitado para la convivencia democrática y la creación de una república. Enrique José Varona los llamaba "intolerancia" y "exceso de halago", en tanto que Don Benigno Souza, el ilustre biógrafo de Máximo Gómez, "megalomanía" y "coloidismo". Hay cubanos que escriben "yo con una Y descomunal y ustedes con U muy chiquita", dice Don Benigno. Y otros de consistencia semi-líquida, pastosa, sin forma propia, que adopta la del recipiente que los contiene". De la convergencia de estos dos entes sociales: el magalómano y el pastoso que se le adapta, surgen las tiranías. Frente a los megalómanos que siempre son, como los llama Souza, *"Braveros"* aparece invariablemente la legión de coloides que se hacen la vista gorda a los defectos del gobierno, en el mejor de los casos y que, en el peor, y más frecuente, se exceden en el halago del magalómano, del intolerante y del bravero.

Intolerantes y halagadores excesivos, megalómanos y coloides... aquí tenemos los protagonistas de las desgracias de nuestra democracia.

Un ejemplo dramático

Hay un ejemplo en nuestra historia dramáticamente ilustrativo de lo que venimos diciendo. Ocurre en 1926, el 31 de mayo, El Presidente de la República es Gerardo Machado y el "claustro pleno"de la Universidad de La Habana se reunió para conferirle el título de Doctor en Derecho Público Honoris Causa. El eminente Dr. José Antolín del Cueto narró como Machado, "por la maravilla de su arte suasorio" había logrado restablecer la paz en la Universidad de La Habana, "desde la Cátedra Presidencial" hablando a profesores y a alumnos "con verdadera sencillez", sin rebuscamiento de ninguna clase, con voz paternal". Acto seguido el Rector Dr. Gerardo Fernández Abreu colocó sobre la cabeza del Presidente, "el bonete laureado, antiquísimo y venerado símbolo del magisterio profesoral conferido" y lo proclamó "el más firme guarda y sostén de la Constitución de la República".

Frente a despliegue semejante de halagos y ditirambos estaba en el orden natural de las cosas que Machado se produjera de la manera que lo hizo. Oigámosle. Comenzó reprochando a los veteranos que no hubieran formado un bloque que ejerciera la "dictadura del patriotismo", aseguró que, en la escala de valores revisada en el último decenio "el Orden ha quedado por encima de la Libertad"; añadió que, "en el equilibrio de las autoridades (debió decir poderes) todo el mundo está de acuerdo en darle ventaja al ejecutivo"; apuntó que los "pueblos sienten nostalgia por el Jefe"señalando como modelo de estadistas, muy significativa y ominosamente, a Mussolini en Italia,a Primo de Rivera en España y a Hindenburg en Alemania, manifestando que los pueblos no aceptan ya a los Parlamentos y que "repudian el pugilato de la democracia"para culminar diciendo: "acosada por las necesidades del presente, la voluntad nacional brinda al Jefe del estado, poderes sin límites. No importa que su ejercicio se llame dictadura. Lo que pide es que se emplee eficazmente en la lucha por la existencia".

Llamo la atención sobre lo que dijo el galardonado Presidente de cara al claustro pleno de la benemérita Universidad.

> Ejercer la dictadura del patriotismo
> El orden ha quedado por encima de la libertad
> Los pueblos repudian los pugilatos de la democracia
> La voluntad nacional brinda el jefe del estado poderes sin límites...
> No importa que su ejercicio se llame dictadura, lo que importa es que los emplee eficazmente.

Insisto en que el ejemplo no puede ser más dramático e ilustrativo. Machado estaba escribiendo YO con una Y descomunal y ustedes con una u muy chiquita. Y todo ello con la aceptación y el aplauso de la manifestación más alta de la intelectualidad cubana de la época: el claustro pleno de la Universidad de La Habana.(3).

Y llamo la atención sobre las afirmaciones que aparecen al final: "la voluntad nacional brinda al jefe de estado poderes sin límites" y "no importa que su ejercicio se llame dictadura...lo que importa es que los emplee eficazmente". Es aquí donde se encuentra la raíz del mal: la democracia cubana fracasó en la primera mitad del siglo; porque le faltó el sentido griego del equilibrio y la concordia de que hablaban los romanos.

El Ejecutivo Hipertrofiado

En los comienzos de estas reflexiones destacábamos la armonía y el equilibrio de la democracia ateniense y como la república romana se había caracterizado por la dispersión de la autoridad entre diversos centros de poder. Estos principios han sido acogidos por la democracia americana de la que siempre se enfatiza que es una democracia de "checks and balances" entre los poderes legislativo, ejecutivo y judicial. En Cuba se perdió el sentido del equilibrio entre los tres poderes del estado y la vida política de la nación giró excesivamente en torno al poder ejecutivo.Cuba tuvo magníficos parlamentarios y no le faltaron jueces que fueron modelos de probidad y sabiduría, pero era en torno al ejecutivo donde radicaba el verdadero poder.

Es una tendencia negativa que fue aumentando con el decursar de los años. En los comienzos, el Senado fue escenario del gran debate entre Bustamante y Sanguily sobre el tratado de Reciprocidad. En tiempos de Menocal otra vez fue el poder legislativo, escenario del debate Cancio-Lanuza sobre la instauración de la moneda cubana. Todavía durante el primer gobierno de Batista,una interpelación parlamentaria pudo poner en crisis a un gabinete.Pero después se fue desdibujando aún más la figura del Congreso. Grau gobernó por decreto durante su gobierno y, por lo menos en una oportunidad, Miguel Suárez Fernández denunció que la ingerencia y el poco caso del poder ejecutivo estaba motivando una "crisis institucional".

Cuando se produjo el 10 de marzo, el Tribunal Supremo declaró que "el hecho es fuente de derecho" con lo que convalidó un cuartelazo a 80 días de una elecciones, revelando que no quedaban, si es que alguna vez los hubo, jueces en Berlín. El ejecutivo que surgió del 10 de marzo disolvió el poder legislativo porque había sido reconocido por el poder judicial. Era un ejecutivo hipertrofiado, sin limitaciones o balances por otro poder.Y esta hipertrofia del ejecutivo facilitó la comunización de Cuba. En enero de 1959, Fidel Castro otorgó facultades legislativas y constitucionales a su consejo de Ministros y lo invistió de facultades para proceder a la depuración y reorganización del poder judicial. Nadie se llamó a escándalo. Sencillamente porque en Cuba los otros poderes habían sido vasallos de quien ocupara el Palacio Presidencial. La democracia cubana no tenía equilibrio.Cuba era una nación gobernada por el Poder Ejecutivo sin sumisión a los "checks and balances" de la democracia americana. Por ello fracasó.

La falta de Concordia

Las naciones más adelantadas y estables juzgan a los políticos por sus medios y no por sus fines. En Inglaterra se da por descontado que tanto los conservadores como los laboristas, a lo que aspiran es al bien común. El debate se produce en torno a los medios que se proponen para alcanzarlo.

En Cuba, hubo una inmadura tendencia a fijarse en los fines prescindiendo de los medios y, con tal de alcanzar los fines, no se establecían distinciones en cuanto a los medios... Recuérdese que así lo afirmó Machado frente a la aquiescencia del "claustro pleno", cuando afirmó que la "voluntad nacional brinda al jefe del estado poderes sin límites" y que "no importa que su ejercicio se llame dictadura, que lo que importa es que los emplee eficazmente"...

Lo dijo Machado, pero es una constante de nuestra historia.

Estrada Palma instituyó el "gabinete de combate" y propició la intervención americana para impedir que los liberales llegaran al poder. Estenoz e Ivonet se alzaron en armas contra José Miguel cuando se les negó el derecho a formar un partido racista. Menocal dio un cambiazo para perpetuarse en el poder. Machado prorrogó la extensión de su mandato. Batista entró dos veces en Columbia a fin de subvertir las instituciones. Grau se burló del Congreso y gobernó por Decreto. Era una política de fines, prescindiendo de los medios. Y ello resultó fatal.

Y es que a la democracia cubana le faltaba lo que los romanos llamaban "concordia". La República romana duró cinco siglos, desde Tarquino el Soberbio hasta Julio César, porque los ciudadanos romanos habían llegado a un acuerdo y acataban la autoridad de las instituciones republicanas. Como se les gobernaba era importante. Pero más importante era que gobernaran las instituciones establecidas, aunque lo estuvieran haciendo mal. De ahí la estabilidad de la República romana. Y de ahí la inestabilidad y el fracaso de la democracia cubana. Porque a *NOSOTROS* no nos importaba tanto quien debía gobernarnos como que nos gobernara lo que un megalómano o una mayoría estimara que era gobernarnos bien.

El Fracaso

La falta de gobierno propio durante los cuatro siglos de colonia engendraron los vicios de carácter destacados por Enrique José Varona y por el Dr. Benigno Souza que se manifestaron, una vez establecida la República en la creación de un ejecutivo hipertrofiado y en la falta de arraigo de las instituciones democráticas que jamás tuvieron el respaldo y mucho menos el respeto de la población.

Sugiero que nos detengamos un momento para hacer una comparación con la democracia americana. A mediados de los años treinta instauró Roosevelt el llamado New Deal a fin de sacar a la nación de la recesión que motivara el momento más negro y peligroso de su historia. El Congreso, dominado por los demócratas, aprobó una legislación de emergencia y la Corte Suprema la declaró inconstitucional. Roosevelt trató de despojar de sus poderes al alto tribunal y lo que encontró fue el repudio bi-partidista a sus medidas contra la judicatura. La crisis económica era preferible a la subversión de las instituciones. Por ello los EE.UU.forman una sociedad adelantada y estable.

La democracia cubana murió a manos de los intolerantes y los megalómanos con el apoyo del exceso de halago de los coloides.Fue una labor en la que colaboraron gobernantes y gobernados.

El Futuro

Los cubanos de principios de siglo intentamos salvar el tránsito que separa una sociedad democrática de un régimen colonial. La historia enseña que nuestro triunfo fue sólo parcial.

Cuba fue el país más progresista de América, el de mayores logros en el orden de la recuperación y la distribución de la riqueza, el de la legislación social más avanzada, el del movimiento sindical más vigoroso, el que había logrado una clase empresarial moderna y dinámica y que se destacaba en los deportes, las ciencias, las artes, la seguridad social y, en términos generales, en todo lo que se identifica con bienestar, vitalidad y progreso. No obstante, por una de esas sugestivas paradojas de la historia, los 57 años de república los pasamos oscilando entre la anarquía y la dictadura, con muy poco tiempo para disfrutar plenamente de los beneficios de la paz.

Y ello no fue por "la ingerencia extraña" sino por falta de "virtud doméstica". Reconocerlo es una primera e indispensable señal de madurez. Los triunfos materiales de la república, de los que tanto nos ufanamos, contrastan dolorosamente con su absoluto fracaso en el orden institucional.

Los cubanos de finales de siglo nos enfrentaremos a una tarea aún más ardua: la de construir una sociedad democrática sobre las ruinas quemantes de un régimen totalitario y si queremos triunfar en el empeño ya sabemos que tenemos que realizar un acto de exorcismo para despojarnos de la intolerancia y de la megalomanía, del exceso de halago y del coloidismo que Enrique José Varona y Benigno Souza identifican con los defectos del carácter del cubano. Y sabemos más. Sabemos que en y para nuestras instituciones tenemos que propiciar el equilibrio y lograr la concordia.

MUCHAS GRACIAS.

APÉNDICES.

1.- Destaquemos además, que Solón se dio cuenta de que una democracia supone una población con un cierto grado de bienestar. Solón propició las exportaciones, procuró hacer productores a los ciudadanos, dictó medidas en favor de las viudas y de los huérfanos y colocó la justicia al alcance de todos los ciudadanos. El genio de Solón es asombroso. Todos los aspectos de la lucha por y de la democracia en la época moderna fueron anticipados por este coloso del mundo griego. Porque, en efecto, no hace falta estirar mucho la imaginación para ver como Solón ofreció a los atenienses un NewDeal como el de Roosevelt, derechos civiles como el de la Gran Sociedad de Lyndon Johnson y estímulos a la producción que hacen recordar la economía de Ronald Reagan. Ello lo pudiéramos discutir en otra oportunidad.

2.- El aporte de los romanos a la teoría y a la práctica de la democracia es incalculable. Fue en Roma donde por primera vez funcionaron las instituciones colegiadas. Los cónsules eran dos y uno no podía actuar sin el concurso del otro. Para evitar la parálisis de la república, de la cosa pública, los cónsules aprendieron a dividirse el trabajo. Algunas veces con un criterio cronológico cada uno gobernaba en determinados meses o días, y otras veces con un criterio temático, dividiéndose las materias.

Fue en Roma donde se crearon las instituciones de excepción para los momentos de emergencia. En tiempos de guerra, cuando el Senado lo autorizaba, uno sólo de los cónsules ejercía la totalidad del poder convirtiéndose legalmente en dictador.

La sociedad romana estaba dividida entre patricios y plebeyos. Los patricios controlaban las curias, de donde emanaban el poder de designar a los senadores y a los funcionarios. Marginados de los centros de designación y de decisión, los plebeyos se retiraron a los montes aledaños de la ciudad, inventando la "presión" como medio de acción política. No recurrieron a la armas. Ejercieron presión.

Fue así como lograron la instauración del *"tribuno de la plebe"* que podía paralizar la acción de los centros de poder en manos de los patricios mediante una prohibición que en latín se llamaba *"veto"*.

Fue en Roma donde se limitó el término de la actuación de los funcionarios a períodos tan cortos como un año y donde se pusieron períodos de tiempo en que los candidatos a cargos públicos debían permanecer como las tierras, en barbecho.

Finalmente los romanos inventaron los programas, pues los pretores debían señalar con anticipación los criterios que iban a normar su actuación y a ese anuncio debían ajustarse sus edictos.

3.- No deja de ser curioso que, apenas seis años después, el 4 de septiembre de 1933, Fulgencio Batista entonces un simple sargento, quebrantó el orden institucional con la ayuda y el consejo del Directorio Estudiantil Universitario. Es tema para una profunda meditación, Machado contó con la aquiescencia del "claustro pleno" de la Universidad. Batista con la del Directorio, que era la contrapartida del "claustro pleno". En los dos casos intervino la Universidad. Es tema sobre el que no se ha meditado lo suficiente. Un cuarto de siglo después, el claustro y los estudiantes respaldaron a Fidel Castro cuando subvirtió las instituciones. Insisto que es tema para una profunda meditación.

EL PEQUEÑO MACHADO QUE TODOS LLEVAMOS DENTRO[2]

I

El 31 de mayo de 1926 se constituyó el "claustro pleno" de la Universidad de La Habana para "la investidura del grado de Doctor en Derecho Público Honoris Causa, conferido al Sr. Gerardo Machado y Morales, actual Presidente de la República". Hizo uso de la palabra el eminente jurista Dr. José Antolín del Cueto quien, en medio de atinadas citas de Renán, de Maquiavelo, de Fichte, de Michelet y de un "estadista pedagogo", a quien prefirió no identificar, narró como," por la maravilla de su arte suasorio", Machado había logrado restablecer la paz en la Universidad de La Habana hablando, "desde la Cátedra Presidencial", a profesores y alumnos, "con verdadera sencillez, sin rebuscamiento de ninguna clase, con voz paternal".

El Dr. Gerardo Fernández Abreu, Rector de la Universidad, colocó sobre la cabeza del Presidente "el bonete laureado; antiquísimo y venerado distintivo del Magisterio profesional conferido", le hizo entrega del "Libro Fundamental de la República", proclamándolo su "más firme sostén y guarda" al tiempo que lo envolvió en "un abrazo de fraternidad" en nombre de todos los

---

[2] Publicado en *Diario las Américas*, el 13 de agosto de 1992, Pág. 4A. Dedicado al Dr. Oscar Agusti, médico, humanista y hombre con sentido histórico y buen humor.

integrantes del "claustro pleno" que "desde hoy se honran y congratulan con ser vuestros hermanos y compañeros".

II

Cubiertos estos trámites con solemnidad y unción tan definitivamente machadizantes, hizo uso de la palabra el Presidente Machado, quien, con loable modestia y deliciosa retórica, comenzó reconociendo que "el acto de hoy es el noble gesto de la intelectualidad abriendo los brazos (no sólo a él, sino a todos)los hombres de acción que todo lo sacrificaron por Cuba, como Céspedes, Agramonte, Martí y Maceo, quienes merecían" no ya el homenaje que se tributaba a él, sino otro de mayor entidad y jerarquía, con empuje de avalancha y clamores de apoteosis" (sic).

Continuó relatando, con su poquito de reticencia y veneno, la significación de que fuera el Dr. Cueto, "un prohombre de la autonomía" quien lo honrará a él, "un soldado de la revolución",pasando después a dar un profesoral tirón de orejas tanto "a parte de la intelectualidad cubana" como "a los libertadores", a aquellos por haber "permanecido al lado de un cadáver" (se refería a la colonia) y a éstos "por no haber formado un bloque que ejerciera la dictadura del patriotismo" (al instaurarse la República). Acto seguido, el galardonado Presidente se lamentó de los veinte y tantos años de Independencia que se habían dilapidado "de error en error", cerrando el párrafo con esta dramática y casi ciceroniana pregunta: "¿No será ya tiempo de que para poner fin a los males que nos afligen apele yo al esfuerzo de todos los cubanos?".

Formulada la pregunta y hecha referencia al "fantasma del aprieto económico consecuencia de la baja de azúcar" sentenció el Presidente, sin cita alguna de Renán, de Fichte, de Maquiavelo o de Michelet que, en la escala de valores revisada durante el último decenio, "el Orden ha quedado por encima de la Libertad" y que, "en el equilibrio de las autoridades" (debió decir poderes) "todo el mundo está de acuerdo en darle ventaja al Ejecutivo".

Aseguró que los pueblos "sienten nostalgia del Jefe" y "viven ansiosos de dirección y gobiernos fuertes", señalando como modelo de estadistas, muy significativa y ominosamente, a Mussolini en Italia, a Primo de Rivera en España y a Hindenburg en Alemania. Declaró que "los pueblos no aceptan ya que el Parlamento siga siendo la arena donde los políticos se discutan el goce del poder y "repudian los pugilatos de la democracia", para culminar diciendo:

"Acosada por las necesidades del presente, la voluntad nacional le brinda al Jefe del Estado poderes sin límites. No le importa que su ejercicio se llame dictadura. Lo que pide es que se emplee eficazmente en la lucha por la existencia".

III

No conozco nada tan genuinamente machadista como este discurso de Machado. Lo que el machadismo tuvo de concepto aquí dejó un rastro más claro y evidente que el que delata la existencia de los dinosaurios. Concebir el Parlamento como un pugilato, vivir convencido de que los pueblos sienten nostalgia por los gobiernos fuertes y que es su voluntad que los jefes de estado estén revestidos de poderes absolutos, es algo antidemocrático, borbónico, fascistoide y machadista, pero verdaderamente, amigos, ¿por qué no decirlo? dolorosamente cubano.

Si esto era, en última instancia, el machadismo, ¿qué cubano está libre de pecado? ¿quién puede tirar la primera piedra? Hay que reconocerlo para dar una primera demostración de madurez: los cubanos llevamos dentro un Machado incipiente y latente que se manifiesta y actualiza tan pronto hablamos y que nos deforma hasta la monstruosidad cuando nos dan un átomo de poder. Abominamos de Machado sin darnos cuenta que abominamos de nosotros mismos. Porque el galardonado presidente lo que hizo fue conducirse como lo hubiera hecho la abrumadora mayoría de sus conciudadanos de haberle llegado la oportunidad.

Por ello, en la historia de Cuba, el machadismo es un fenómeno recurrente que se manifiesta con anterioridad y con posterioridad a Machado, hasta que la vida nacional, oscilante siempre entre la anarquía y el machadismo, entre el Machado actual y el Machado potencial, se despeñó hacia la barbarie.

Los cubanos, por tanto, hacemos mal en denostar a Machado y peor aún en vilipendiar su memoria. Mejor sería que realizáramos un acto de exorcismo colectivo, nos sacáramos del alma el pequeño machado que todos llevamos dentro y nos fuéramos preparando así para un mañana de libertad.

ENTRE EL PEDESTAL Y LA LÁPIDA, UNA ENSEÑANZA

Debo a una fina cortesía de mi buen amigo Oscar L. Ortiz la lectura de un trabajo titulado "Algunas Verdades", que la revista Bohemia atribuye al General Gerardo Machado. El trabajo fue publicado algún tiempo después de la caída de Machado, y Bohemia, con esa mezcla de canibalismo y agudeza que parece haber caracterizado su prosa desde los años treinta, señala que el trabajo "ostenta la firma del sátrapa", pero "acusa la habilidad literaria de uno de sus más inteligentes edecanes". La mencionada revista califica al derrocado presidente de "alimaña" y de "carnicero villareño" y añade que el trabajo refleja "el despecho y la desesperación de la hiena de Mount Royal" (debe ser el hotel en que se alojaba), pero que la redacción no es de él, porque "nada tiene que ver con la verborrea inconexa y estúpida" de que hizo gala durante sus años en la presidencia. ¡Vae victis! que dijera el bárbaro: "¡Guay de los vencidos!".

Asumiendo que el trabajo es genuino, su interés es enorme. En primer término porque los sentimientos de los derrotados no suelen ser estudiados por la posteridad. La historia se interesa por el Zar en el Palacio de Invierno y el Napoleón de Austerlitz, pero se olvida de las etapas dolorosas de Ekaterinburgo y de Santa Elena.

---

[3] Publicado en *Diario Las Américas*, el 24 de junio de 1989, Pág. 4-A.

Y, en segundo lugar, porque hace referencia a uno de los fenómenos de psicología más acusados del pueblo cubano, esto es, la vocación desmedida por la exageración y la total incapacidad para situarse en el término medio. Con la posible excepción de D. Tomás Estrada Palma, todos los presidentes de la república fueron colocados sobre un pedestal de elogios y sepultados bajo una lápida de insultos. Ninguno, sin embargo, en la medida en que lo fue el General Machado, que transitó de la condición de "egregio" a la de "asno con garras" con la misma inaudita celeridad de las comedias de Lope de Vega que "en horas veinticuatro, pasaban de las musas al teatro".

Estamos transitando sobre terreno conocido. Con todo, este recuento que hace el General Machado, contiene una perspectiva poco común. Lo normal es que se atribuya a los liberales el título de "héroe de Arroyo Blanco" que se dio al general José Miguel Gómez y a los conservadores el de "tiburón" que tuvo el propio presidente. Pero no, Machado sostiene que el tránsito del pedestal a la lápida, del Olimpo al lodazal, en su caso particular, lo producía el mismo protagonista, quiere decir, que quien primero lo ensalzó después se encargó de machacarlo. ¿Rectificación de sabios o volubilidad de los hombres? El tema está abierto a debate.

Fernando Ortiz escribió un libro "en que me elevo a las más altas regiones empíricas" (el error debe ser tipográfico). Sea como fuere, el hecho es que lo calificó como "el hombre Dios y el apóstol de una nueva religión". No había pasado un año y ya lo estaba comparando con "el tipo más bajo de sus estudios afrocubanos".

Santiago Verdeja, y esto no tiene desperdicio, lo tituló "el hombre antorcha" y un poco más adelante aseguró que "estaba loco debido a sífilis antiguas".

Loynaz del Castillo dijo primero que "era el faro de la nueva Cuba" para afirmar después que era "Moloch retratado". Núñez Portuondo (Machado no aclara cuál) lo comparó con Mahoma y se rectificó para declararlo "el mal, hecho hombre". Ramón Zaydín, el General Menocal y Rosendo Collazo lo hicieron transitar también "de las regiones empíricas" (i) al "insondable lodazal humano", pero no lo hicieron en forma tan detonante. Todo lo contrario del eminente profesor y procesalista Ricardo Dolz que lo declaró merecedor de "una estatua tan grande como la que merecía Martí" para después contribuir activamente a derrocarlo.

Fulgencio Batista y Ramón Grau San Martín formaron también parte del coro. Batista fue a Columbia, a espaldas de la oficialidad, al frente de un grupo de sargentos y soldados y abrazó a Machado al tiempo que aceptaba un obsequio consistente en una cartera con un peso dentro. Grau es reo de haberlo declarado acreedor al doctorado Honoris Causa con que fue investido por la Universidad de La Habana, para declararlo después "cefalópodo, cuatrero y logrista".

Resume Machado: "He probado que durante un tiempo fui el HOMBRE DIOS, EL NUEVO MESÍAS Y EL HOMBRE ANTORCHA", que todo lo podía y que tiempo después por los mismos que antes me ensalzaron, fuera SATÁN, MOLOCH, MARTE, redivivo" (las mayúsculas del original).

Todo ello indica, entre otras muchas cosas, que Cuba estaba pidiendo a gritos un llamamiento a la mesura. Desgraciadamente, no se hizo y nos pasamos los 57 años de República entre la desfiguración positiva y la desfiguración negativa de la realidad. Con la perspectiva que dan los años y con la experiencia de los que vinieron después, hoy sabemos que Machado ni fue tan bueno, ni fue tan malo. Siempre he pensado que todos los cubanos llevamos dentro un pequeño Machado y un descomunal exagerado. Y entiendo que, para la Cuba del futuro, debemos realizar un doble acto de exorcismo, para sacar del cuerpo social los dos demonios, el pequeño y el descomunal.

¿DONDE ESTÁN LOS SUIZOS? [4]

Cuentan que, alguna vez, plantearon a Don Tomás Estrada Palma que el objetivo ideal de la nueva República era el de hacer de Cuba"la Suiza de América". Y según prosigue este delicioso trozo de petit-histoire, replicó Don Tomás: "Me parece muy bien, pero, díganme ¿dónde están los suizos? [5]. Algunos años después, tras la aventura reeleccionista, el gabinete de combate, la guerrita de agosto y la intervención americana, el buenazo de Don Tomás, exiliado, como Alcibíades, en su propia tierra en una modesta casa matancera, rememorando y lamentándose culpaba a la independencia de la marejada del desorden y del eclipse de la libertad.
Si non e vero e ben trovato.
Dado que los cubanos no éramos (ni, gracias a Dios, somos) suizos, era sumamente improbable que hiciéramos de Cuba una Suiza, con la connotación que este país tiene de estabilidad, laboriosidad, probidad administrativa, complicada artesanía, armónica convivencia y libertad dentro del orden. Un pueblo de gente díscola, sabichosa, oportunista, amigos del "de a Pepe" y facilitón (que todo ello nos hizo el trópico, el colonialismo, la injerencia extraña y la perfidia del demonio) no era la materia

---

[4] Publicado en *Diario Las Américas*, abril de 1975 con el título "Diez Minutos de Afiebrada Fantasía" y reproducido en la revista *Ideal* bajo el nombre "¿Dónde están los Suizos?" con que ahora lo exponemos.

[5] En realidad, Don Tomás hizo el planteamiento y Don Rafael Montoro fue quien formuló la pregunta.

prima adecuada para producir, inmediata y automáticamente, una Utopía republicana, modelo de probidad y paradigma del buen funcionamiento de las instituciones.

Don Tomás tenía razón ¿dónde están los suizos?

Pero el buenazo y probo amigo de Martí, en cuyo honor (según contó emotivamente Fico López) ondeó la bandera cubana en el asta del Morro cuatro días antes de la instauración de la mediatizada república, erraba al atribuir a la independencia las terribles calenturas de nuestro crecimiento. Porque la incorporación a los Estados Unidos que, acaso, hubiera incrementado nuestros logros materiales, en manera alguna hubiera impedido el quebranto periódico y sistemático de nuestras instituciones y nuestras costumbres públicas.

Me consta que avanzo sobre una tembladera. Con todo, no es imposible conjeturar que siendo Don Tomás, en lugar de Presidente de la República, gobernador "of the sovereing state of Cuba", la historia hubiera sido exacta, dramática y lamentablemente igual.

De haber sido Cuba "estado" es verosímil, de toda verosimilitud, pensar que Don Tomás hubiera derrotado a Bartolomé Masó en la "carrera" para "governor". Con toda probabilidad Manuel Sanguily y Antonio Sánchez de Bustamante hubieran sido nuestros primeros senadores federales: ¿Morúa y Juan Gualberto? Ni soñarlo. ¿Negros en 1902? Nuestra Constitución "estatal" hubiera sido copia al carbón de la de 1901 y, en este contorno, Washington no hubiera podido impedir el asesinato de Villuendas, la huelga de los tabaqueros, la polarización de moderados y liberales ni, mucho menos atar las manos de, digamos, Ernesto Asbert y del General Montalvo, esos dos formidables personajes que siempre me han parecido los arquetipos del machismo de la época.

La razón es obvia, de toda obviedad. En la Unión, de la que se ha dicho que fue construida con simetría y eficiencia newtonianas,los estados son soberanos y no había poder entonces en Washington(es de dudar que lo haya todavía) que impida que los estados funcionen mal. Ya en este plano conjetural y espeso me atrevo a asegurar que la anexión no hubiera impedido el alzamiento de Estenoz e Ivonet, la instauración de la botella, el cambiazo de Menocal, el canje del Arsenal por Villanueva, ni la prórroga de poderes, ni nada.

A la prueba me remito, si no con el rigor de Euclides, al menos, con la profunda humildad de quien profetiza a la inversa.¿Conoce el lector a Huey P. Long? Pues se trata de una prodigiosa figura humana que en la década de los años treinta capturó el gobierno estatal de Louisiana y se convirtió en el primer dictador americano. Hace muchos años Broderick Crawford ganó un Oscar por caracterizarlo en la pantalla y, breves días atrás, el sagaz Don Shoemaker, en el Herald, le dedicó una alucinante crónica. Long era un demagogo feroz y genial que desató en Lousiana "los perros rabiosos de la represión y la demagogia". "La Constitución soy yo", dijo un día con arrogancia semejante a la de Luis XIV. Decretaba la ley marcial cuando le daba la gana. No dejaba a sus adversarios portar armas. Suprimió el derecho de reunión y se adentró en un programa de distribución y confiscación de la riqueza con las masas en la calle, coaccionando al Congreso, insultando a los jueces y persiguiendo en la mejor tradición castro-fascista. Y, ¿que hizo, qué pudo hacer Washington cara a cara con Huey P. Long? Digámoslo con la genial abreviatura criolla: cero.

Un pistoletazo, que no Washington, puso fin a la carrera galopante de Huey, el demagogo con poder que se convirtió en una amenaza para toda la nación. Porque y es aquí donde está el quid de la cuestión; en los estados americanos la estabilidad, la probidad, la libertad y el orden surgen desde dentro y no les vienen impuestos desde fuera. Don Tomás se equivocaba en sus lamentaciones matanceras. Washington no hubiera podido impedir nuestras desgracias, de la misma manera que la Comunidad Británica de Naciones no ha podido impedir la aparición de ese monstruo genocida y estrafalario que se llama Idi Amin.

Conjeturo y generalizo, lo sé. Y ya en este plano me atrevería a sentenciar que de haber sido Cuba estado y habiendo aparecido Fidel Castro (que es tan made in USA como producto nacional) la reacción hubiera sido la misma que tuvo Londres frente al explicablemente racista Ian Smith: expulsarlo de la Unión, dejándonos con la catástrofe a cuestas.

CONTRAPUNTEO EN LA DESAPARECIDA REPÚBLICA [6]

Fue Don Tomás Estrada Palma el único de nuestros presidentes electos que se libró de esa propensión muy cubana de sepultar a los personajes bajo la pesada losa de un nombrete o de colocarlo sobre el frágil pedestal de un calificativo enaltecerdor. Es posible que la trayectoria republicana de Don Tomás haya sido demasiado breve. O, acaso, que en aquellos primeros años de independencia, sobre los que escribiera Rafael Martínez Ortiz "sine ira et estudio", los cubanos no hubiéramos desarrollado todavía esos perniciosos achaques del halago y el denuesto que habrían de convertirse en males endémicos de la República. "El maestro de Central Valley" (lo que constituye un reconocimiento y no un elogio) pasó por "la silla de Doña Leonor" (que así se llamaba a la Presidencia) sin remoquetes y sin que la glorificación que siempre acompaña a los poderosos se hubiera materializado en una sola expresión halagadora.

El Tiburón y el Mayoral

Pero, los caudillos tradicionales, José Miguel Gómez (19081912) y Mario García Menocal (1912-1920), sí saborearon el caramelo apologético y sufrieron el alfilerazo bañado en árnica. De José Miguel, sus partidarios

---

[6] Publicado en *La Nación*, el 16 de mayo de 1980, Pág. 37. También publicado en *Diario Las Américas*, el 20 de mayo de 1980.

destacaban su condición de "héroe de Arroyo Blanco", una batalla en que los espirituanos habían zurrado a los españoles y como el caudillo era dado a la persecución de los horrendos elasmobranquios (que con perdón, así se llaman) en las aguas cercanas a Cayo Cristo, también lo llamaban "Tiburón". Sus adversarios solían navegar sobre el remoquete añadiendo una cortesía zurda: "tiburón se baña, pero salpica". La implicación estaba cargada de explosivos: en las incursiones sobre el erario el que más y el que menos cogía su agüita.

Tipo formidable y sin melindres, José Miguel se exhibía en coches con el fuelle bajo y respondía a los aplausos y parabienes de sus partidarios moviendo los brazos como si fueran aletas. Yo lo he visto, en un film de la época.

Mario García Menocal era el caudillo de las clases altas, por razones ideológicas, y por circunstancias históricas, de muchos sectores de la raza negra. Hombre de eso que ahora llaman "ley y orden", de elocuente presencia y augusta barba, instauró una presidencia casi imperial. Sus adversarios lo llamaban "el mayoral" y sus partidarios añadían que "ahí viene el mayoral sonando el cuero" al tiempo que recordaban su título de graduado de Cornell y de la acción en la Guerra de Independencia que lo convirtió en "el héroe de las Tunas".

Las primeras contiendas electorales en la República tuvieron como protagonistas a un tiburón y a un mayoral. O a dos héroes. Depende de que Usted sea un ingenuo o un roñoso. Es cuestión de perspectiva. Yo, por mi parte, siempre he optado por la media aritmética. Mucho hubo de heroísmo y algo también de salpicadera y zurriagazo. Que de todo hay en la viña del Señor.

El Licenciado y el Carnicero

En 1920 sube a la Presidencia Alfredo Zayas y Alfonso, abogado y poeta, sin antecedentes bélicos en la manigua. Zayas había sido un preso político y un agitador urbano. Dotado de una gran paciencia y de un fino temperamento de estadista, alternativamente fue conocido por "el licenciado" y "el chino". Como en momentos de un revolisco anterior a su mandato prefirió bajarse en un obscuro paradero del ferrocarril antes que volver a La Habana que ardía, le endilgaron un remoquete infamante: "el agachado de Cambute". Durante su mandato comienza a tambalearse el monopolio del poder que tenían "generales y doctores", empieza a agitar Julio Antonio Mella, se habla de la crisis de nuestra cultura y emerge la prosa cultivada del grupo minorista. Zayas contempla el espectáculo con la comprensión de un licenciado y la paciencia de un chino. Un día apedrean una estatua que él había consentido que le levantaran. "No importa –dijo Zayas– algún día le tirarán flores". Yo no creo que la historia esté tirando flores a Alfredo Zayas. Pero, sí le están rindiendo el tributo que merecen su vocación civilista y su frialdad frente a la turbulencia que ya exhibió el hocico.

A la tesis "Alfredo Zayas Alfonso" se opuso la antítesis "Gerardo Machado". Ayuno de licenciaturas, general de la Guerra de Independencia y de carácter explosivo y apasionado. Gerardito (que así le decían) llegó a la presidencia con el antecedente de haber sido empleado del matadero de reses en su Villa Clara nativa y de haber reprimido, con mano dura, una huelga de anarquistas, siendo secretario de Gobernación, con José Miguel. Era natural que le pusieran "el carnicero". Jinete que andaba a pie, como apuntara Wifredo Fernández, escaló los más altos picos de la popularidad y conoció, como nadie de la zalamería abyecta de las élites y de las masas. La Universidad le confirió un título de doctor Honoris Causa. Arévalo lo proclamó "el primer obrero de la República". Le decían, comúnmente, "el egregio" y me cuentan que un día hasta "fruto bendito". Halagar a Machado se convirtió en un deporte nacional. "¿Qué hora es?" preguntó Machado un día. Y le respondió "un guataca": la que usted quiera, general".

Sus enemigos fueron igualmente pródigos en el denuesto y el nombrete. Rubén Martínez Villena lo llamó "el asno con garras" en circunstancias narradas por Pablo de la Torriente Brau y, cuando abandonó el poder, una excrecencia de cuyo nombre no quiero acordarme, lo llamó con censurable crueldad "asno errante"... Insultar a Machado se convirtió en otro deporte nacional en tanto que las palabras machadista, apapipio, porrista, guataca... se insertaron en el repertorio de nuestros denuestos y nuestras fobias.

Ocho Presidentes en Siete Años.

Machado había dicho: "Estaré en la presidencia de la República hasta el día 20 de mayo de 1935, ni un minuto más, ni un minuto menos". Pero, como rezaba una tonadilla de la época:

"Llegó Summer Welles el americano
y apretó la clavija
y entonces del cubano, el verdugo Machado
no pudo darse más lija".

Machado abandonó la silla de Doña Leonor el 12 de agosto de 1933, no sin antes cumplimentar los trámites sucesorios elaborados por la mente pomposa y legalista de Orestes Ferrara. Brevísima interinatura del General Alberto Herrera y "enter" el Dr. Carlos Manuel de Céspedes, el hijo del Padre de la Patria, escritor y diplomático y hombre "inexperto y circunspecto" que dijera Jorge Mañach con aquella inobjetable y barroca adjetivación que le era propia. El 4 de septiembre los sargentos desalojaron al doctor y colocaron en el poder a la pentarquía. Resultando imposible sentar a cinco en una sola y por entonces desvencijada silla, el doctor Ramón Grau San Martín asumió la presidencia. Duró cien días y se fue con la simiente de su futura popularidad en el surco y al grito de "King Kong que se vaya Ramón". Después vino el ingeniero Carlos Hevia que duró 48 horas y se fue como había entrado: sin losa, ni pedestal.

Y, después, Carlos Mendieta y Montefur, coronel de la Guerra de Independencia, Jefe de la Policía de Sagua la Grande durante la primera intervención norteamericana, uno, con Enrique Villuendas y Orestes Ferrara de los "tres mosqueteros villareños" se le conocía como "el solitario de Cunagua" (central azucarero del que era colono y al que se retiró después de haber sido derrotado en la reorganización de 1924, por Machado) y "el hombre del traje blanco". Y más adelante, el doctor José Agripino Barnet y Vinageras, que salió tan libre de elogios como limpio de denuestos. Acaso porque no creó intereses para merecer elogios y, llamándose "Agripino" y "Vinajeras", ¿para qué denostarlo?

Con Miguel Mariano Gómez (1936) y Federico Laredo Bru (19361940) no fraguó tampoco el cemento que hace falta para un pedestal o para una losa. En el caso del primero, por el patetismo. En el segundo, por su efectiva e inteligente discreción. Había una razón adicional que pongo a consideración y a debate con "la fe de las almas austeras": el 4 de septiembre sumergió a la República bajo una avalancha de fulgencios, eleuterios, ulsicenos, epifanios, etc. Y, con estos estrafalarios nombres militares ¿para qué poner nombretes a los civiles?

El Guajirito y el Profesor

Fulgencio Batista y Zaldívar (1940-1944) y 1952-1959) cualquiera que sea el juicio de la historia, sirvió para acentuar el contrapunteo entre el elogio y el denuesto. En 1938 los comunistas lo llamaron "El mensajero de la prosperidad", sus amigos electoralistas destacaban su condición de ser "el guajirito de Banes" y sus partidarios tanquistas aseguraban que era "el hombre". Un genio del denuesto, Ramón Vasconcelos, lo llamó "Mussolini tropical" y "Napoleón de bolsillo". Se le dijo además, "el indio" y los que lo odiaban, "el negro" y "el tirano". Batista, dicho sea incidentalmente, es el único presidente que ha sido insultado en la Gaceta Oficial de la República. Fue en enero de 1959 cuando la revolución triunfante anunció que "el ciudadano presidente" sustituirá al "tirano". Que cosa tan afrancesada y cursi. ¿A quién se le ocurriría?

Ramón Grau San Martín (1944-1948) también conoció las alternativas, el oscilar del péndulo. Era "el viejo", el "profesor", el "apóstol de la cubanidad", el "líder máximo de las masas cubanas". Como era hombre capaz de estar hablando indefinidamente sin decir nada, Miguel de Marcos lo bautizó con un remoquete graciosísimo: "el divino Galimatías". A veces para fastidiar, jugaba con la palabra y le decía Matías Gali. Alguna vez le dijeron, además, "Mesías" pero fue con su pizca de relajito criollo. En cuanto a los denuestos: un día fue Grau a la televisión y contó esta anécdota deliciosa: estaba en su casa (debe haber sido en el patio de la Cubanidad) y vio, en la portada de una revista el anuncio de un artículo sobre la última fechoría del Satanás del Caribe. Dijo Grau: "Déjame ver que es lo que ha hecho ahora este muchacho de Santo Domingo (Trujillo) y cual no sería mi sorpresa al llegar a la página y ver que el Satanás del Caribe, era yo." Que en una sola pieza coexistan el Mesías y el Satanás está muy adentro del "elan" de la historia y de la idiosincrasia del cubano.

Y, finalmente, Carlos Prío Socarrás (1948-1952). En su discurso inaugural dijo: "Cubanos, yo quiero ser un presidente cordial" y, a mediados de su mandato, anunció que rompería con el pasado corrupto para iniciar una política de "nuevos rumbos". El mismo dio pie para el contrapunteo. Oficialmente fue conocido como "el presidente cordial". Y la mente despierta de Carlos Robreño echó mano a la oportunidad para ponerle "Carlos Magdaleno". Y cordial y arrenpetido lo conocimos aquí en Miami. Y mucho que lo estimamos.

Invitación a la Reflexión.

Políticamente las consecuencias son cataclísmicas porque fuimos gobernados por un tiburón, un mayoral, un chino, un asno, un indio, un satanás y un magdaleno. Ah, pero verdaderamente, amigos,¿por qué no decirlo? También fuimos gobernados por un héroe, por otro héroe, por un licenciado, por un ser egregio, por un guajirito que supo superarse, por un Mesías y por un presidente cordial.

Nuestra historia puede escribirse a la luz de nuestras relaciones con los Estados Unidos, el monopolio de la Casa de Contratación de Sevilla, el absolutismo de los Borbones, la influencia de la Enciclopedia, el control de la trata... Pero, también debe tener en cuenta y permitir que se le escriba a la sombra de esta dualidad casi maniquea, de este antagonismo entre el Ying y el Yang; de esta pugna perenne entre el pedestal y la losa, entre el caramelo y el alfilerazo, entre el halago y el denuesto, entre el elogio y el nombrete.

¿POR QUÉ LOS GOLPES DE ESTADO?: UNA TEORÍA [7]

En el Perú acaba de producirse un golpe de Estado. El Presidente Alberto Fujimori disolvió el Congreso y llevó a efecto una total depuración del Poder Judicial. En la peor tradición sudamericana ha investido a sus ministros de la totalidad del poder que, normal y constitucionalmente, se encuentra dividido entre el Ejecutivo, el Legislativo y el Judicial. Ello, como es habitual, provisionalmente, sujeto a la verificación de un plebiscito, nuevas elecciones congresionales y una reestructuración total del Estado a tantos o más cuantos meses vista. Ya todos hemos visto esa película. Y no sólo en el Perú.

Pretexto, o razones, como se quiera, no han faltado. Francisco Igartua, director y propietario de la revista "Oiga", de Lima, ha sintetizado los motivos de Fujimori, de la manera siguiente:"Los partidos políticos son un desastre, no recogen las inquietudes ciudadanas; la corrupción carcome el Poder Judicial y pone en libertad a terroristas y narcotraficantes; el Parlamento es un hato de inútiles; y, en esas circunstancias, es imposible hacer reformas necesarias para reconstruir el país que él ha heredado de los políticos". Igartua, nada partidario del golpe, reconoce que "son críticas que exacerban la sensibilidad popular y a las que no les falta fundamento".Es curioso. Las críticas que hace Fujimori a la situación del

---

[7] Publicado en *Diario Las Américas*, el 19 de abril de 1992, Pág. 5-A

Perú también son válidas en los Estados Unidos. El 75% de los electores quiere candidatos a la presidencia distintos a los que ofrecen los partidos. La nación está en pie contra la libertad bajo palabra y la corrupción del Poder Judicial. Únicamente el 22% de la opinión absuelve al Congreso de sus múltiples culpas y el clamor contra "Washington" es tan grande como el que pueda haber en el Perú contra lo que Fujimori llama "los políticos".

Si las circunstancias y el ánimo popular son los mismos, ¿porqué no se producen iguales efectos? ¿por qué el golpe de Estado se produce en el Perú y no en los Estados Unidos? ¿por qué una democracia es estable y la otra no? ¿por qué las instituciones americanas subsisten la arremetida del descontento en tanto que las peruanas sucumben?

Algunos piensan que es una razón económica. Otros aducen razones étnicas y dicen que lo que sucede en una nación mestiza de quéchua y español no ocurre en una sociedad que es crisol de razas mayormente europeas. Y hablarán otros de la presencia de Sendero Luminoso y la propensión de los gobiernos a salirse de la legalidad para subsistir frente a los que viven fuera de la ley. Acaso todos tengan parte de razón.

Pero, acaso también, la razón haya que buscarla en otra parte.

Las razones económicas no explican la quiebra de las instituciones democráticas. Cuando en la década de los años veinte, Italia no pudo resistir el embate de la "marcha sobre Roma", se dijo que el fenómeno era propio de un país de poco desarrollo industrial, en que los caballos eran de cuatro patas. Diez años después, una variedad aún más odiosa del fascismo se adueñó del país más desarrollado de Europa, donde los caballos no eran de cuatro patas, sino de fuerza.

Tampoco la razón étnica es válida. Además de Italia y Alemania; Hungría, Rumania y Polonia cedieron el imperio de la legalidad frente al reto de comunismo y, no obstante estar libres de sangre hispano-quéchua produjeron dictadores como Horthy, Antonescu y el desventurado Pilsudski.

Y que no se hable de la amenaza que representa Sendero Luminoso. Los Estados Unidos vivió casi medio siglo frente a la amenaza de destrucción nuclear y no sucumbió ante la tentación de abolir la democracia para hacer frente al reto de la URSS y el comunismo.

La razón tiene que ser otra.

En un lúcido ensayo sobre Roma y su historia, Ortega y Gasset destaca que Cicerón hablaba de la concordia como el fundamento de la larga duración de la República romana. Concordia no quiere decir armonía permanente y constante entre todos los sectores la sociedad. Durante la República no hubo tal armonía. La retirada de los plebeyos al Monte Sacro y el Aventino, las pugnas entre optimates y populares, el ajusticiamiento de los Graco, la sangrienta lucha entre Mario y Sila, la conjura de Catilina, etc., así lo evidencian sin lugar a dudas. La historia de la República no pudo ser más convulsa, no obstante subsistió desde el año 509 A.D. hasta los umbrales del Cristianismo, cinco siglos, porque aunque muchas veces no existió armonía, nunca faltó concordia a la República romana.

Y, ¿qué es concordia? Siguiendo los pasos de Cicerón en su libro "Sobre el Estado", Ortega la define diciendo: "la sustancial concordia implica, pues, una creencia firme y común sobre quién debe mandar". Nada más y nada menos. Cuando los romanos pusieron fin a la Monarquía con la deposición de Tarquino el Soberbio, lo hicieron sobre la base de esta creencia acatada por todos: quién debe mandar es el Senado.

El partido popular de Mario querrá la abolición de las deudas y la distribución del "ager publicus" entre los pobres. Los aristócratas de Sila se opondrán con las armas en la mano a una y otra cosa. Pero en la lucha fratricida de los cimientos de la República no estuvieron amenazados porque populares y aristócratas no estaban de acuerdo en cómo debía mandarse, pero no discrepaban en cuanto a que quién debía mandar era el Senado.

Pienso que aquí está el "quid" de la cuestión. En los Estados Unidos existe concordia en el sentido ciceroniano de la palabra y en el Perú, nación de Indoamérica, no.

Pero el tema es largo y lo volveremos a abordar en otro artículo.

LA CONCORDIA [8]

La República romana existió durante cinco siglos por lo que Cicerón llamaba concordia. Algo parecido sucedió con la moderna institución de la Monarquía, Ortega y Gasset señala que los reyes vivieron durante siglos "en concordia radical" por la creencia generalizada en los estados europeos, que "los reyes mandaban por la gracia de Dios". Pero un día los europeos dejaron de creer en Dios, "los reyes perdieron la gracia que tenían y se los fue llevando por delante el vendaval de las revoluciones". Cuando faltó la concordia, esto es, la creencia que la autoridad era legítima, se produjo "el hueco de la fe" y los pueblos tendieron a llenarlo con "el gas del apasionamiento".

Las instituciones estables son aquellas que se basan en la concordia, en la firme creencia popular de que son legítimas. Cuando las sociedades pierden la fe en "quien debe mandarlos", cada cual proclama su interés y su capricho y el debate es en torno a "cómo" debe mandarse. Y vienen las asonadas, los pronunciamientos y los golpes de estado.

La democracia americana tiene como base la concordia. En los Estados Unidos existe general consenso en torno a quien debe mandar. La abrumadora mayoría abriga la creencia sobre quién debe mandar: los Poderes Legislativos, Ejecutivo y Judicial.

Una creencia semejante no creo que haya existido en la América nuestra. La historia, en efecto, demuestra que

---

[8] Publicado en *Diario Las Américas* el 23 de abril de 1992, Pág. 4-A

nuestros pueblos sitúan el énfasis en "cómo" y no es "quién". Ello explica la inestablidad de nuestros gobiernos, la incidencia de los golpes de estado y el permanente bonapartismo de nuestra política. Los caudillos amados por el pueblo que se colocan por encima de las instituciones constituyen la consecuencia natural de estas sociedades faltas de concordia. Si el caudillo coincide con el pasajero interés de la mayoría, a bolina las instituciones.

La democracia americana ha subsistido frente a los más terribles desafíos. La lucha por los derechos civiles, la campaña contra la guerra de Viet Nam, el escándalo de Watergate en que un presidente y su vice fueron depuestos por el Congreso, la depresión económica, la histeria de la Guerra Fría, cuando el maccarthismo amenazó con ahogar la libertad.

En la lucha por los derechos civiles la anarquía reinó tres días en Watts, una barriada de Los Ángeles, los incendios se producían a unos cuantos metros de la Casa Blanca, a todos los efectos prácticos no existía orden público; pero las instituciones subsistieron. El gobierno no se salió de la legalidad, no se produjo un golpe de Estado, ni una asonada militar, ni un autogolpe. Prevaleció la concordia.

En nuestros países no puede prevalecer la concordia, sencillamente porque no existe. En Cuba la falta de fe en el gobierno colonial era absoluta. Y esa situación de desconfianza no se superó durante los años de vida republicana. No tengo razones para creer que en Perú las cosas hayan sido distintas. La historia, por el contrario, lo que enseña es que Odría y Velazco Alvarado se negaron a aceptar el acceso del APRA al poder. Lo importante no es que mandara el poder constitucional, sino el "cómo" debía mandarse.

Es la tradición latinoamericana. Frente a la dificilísima situación reinante. El presidente Fujimori se colocó al margen de la ley para salvar a la patria de los males que la acosan. La corrupción del Poder Judicial, el caos parlamentario, Sendero Luminoso, el narcotráfico, la inutilidad de los partidos... dentro de nuestro ámbito cultural, no quedaba otra salida que el autogolpe. Yo no dudo de la veracidad de esas encuestas que le dan a Fujimori y al golpe el 70 y el 80% de aceptación pública. Es nuestra mentalidad, es nuestra historia.

Pero, lo dicho. Esta película yo la he visto en otras partes. Y nunca ha tenido un final feliz.

SEGUNDA PARTE

AGUDEZA MENTAL EN LA CONSTITUYENTE [9]

¿Por qué escogí este tema? ¿Por qué agudeza mental en la Convención de 1940? Pude haber escogido la parte orgánica de la Constitución en que fueron derrotadas las ideas sobre el unicameralismo y el Senado corporativo. Hubiera sido mejor disertar sobre aquel "derecho constitucional autóctono" del que tanto se habló en la Asamblea y que llevó a Orestes Ferrara a decir que lo que se hizo no fue una Constitución sino un reglamento. O más útil e interesante discurrir sobre el debate en que el propio Ferrara sostuvo que la irretroactividad de las leyes que rigen los patrimonios privados fue introducida en las constituciones de América para servir los intereses del capital financiero de los Estados Unidos.

Una explicación

Debí escoger uno de esos temas; pero todo en la vida es una combinación de lo trascendental y lo trivial, de lo sesudo y lo humorístico, de lo que invita a pensar y de lo que hace reír. El teatro griego sigue siendo una de las cumbres de la racionalidad de los seres humanos. En los

---

[9] Exposición No. 4 del Ciclo de Conferencia sobre la Constitución de 1940. Organizado por el Colegio Nacional de Abogados de Cuba, el 12 de septiembre de 1990.Publicado en el libro "La Constitución de 1940", Colegio Nacional de Abogados de Cuba, 1991, Págs 78-90. Publicado en *Diario Las Américas* los días 20, 21 y 22 de septiembre de 1990, Pág. 4-A.

festivales de Dionisio el drama no fue concebido en sus inicios, como entretenimiento, sino como un solemne rito religioso y social. Los coros avanzaban al son de los tambores y flautas cantando himnos que exaltaban los valores morales y las relaciones de los mortales con los dioses. Esquilo, Sófocles y Eurípides contaban historias de pasión y de sangre que solían culminar en la muerte; como la de Antígona, deslizándose voluntariamente hacia su final trágico por honrar el cadáver de su hermano muerto.

Pero en el teatro griego muy pronto habría de insertarse el nombre de Aristófanes; que representa lo trivial, lo humorístico y lo que hace reír. Aristófanes sigue siendo el más ingenioso de los humoristas que ha producido la humanidad. En la escena se burlaba de los generales, de los políticos, de las costumbres y hasta de los símbolos. La Ilíada es un canto al heroísmo y a la guerra. Constituye lo que se ha llamado "épica y biblia" del mundo griego. Se le rendían toda clase de reverencias y su prestigio era tal que un ateniense "ansioso que sus hijos fueran virtuosos", todos los días les hacía leer los poemas de Homero. Era una sociedad basada en el heroísmo y en la guerra. Sin embargo, en Lisístrata, Aristófanes se burló del heroísmo y sugirió un modo de acabar con la guerra: una huelga de esposas que se negarían a compartir el lecho hasta que sus maridos depusieran las armas. Es imposible concebir algo más anti-homérico. No obstante, la comedia tiene gran actualidad. Y esta importancia de lo trivial y de lo humorístico es lo que me llevó a escoger este tema:

El Panteón

Creo recordar que la primera manifestación de agudeza y gracia se produjo en el debate del artículo V del Título Primero. Ya se había producido la discusión del Preámbulo y la impugnación de los delegados del Partido Comunista a la invocación de Dios; invocación tan eficazmente defendida por Miguel Coyula en un bello discurso en que recurrió a la metáfora del "ancla colgada en el espacio" utilizada por Manuel Sanguily en la convención del Uno. Se establecía ahora que "la bandera de la república es la de Narciso López que se izó en la fortaleza del Morro de La Habana, el día 20 de mayo de 1902" añadiendo que " el himno nacional es el de Bayamo compuesto por Perucho Figueredo". Un convencional, por vía de enmienda, sugirió que también se mencionara a Miguel Teurbe Tolón, el pintor y poeta que dibujó el escudo de la república que ya era exhibido en Nueva York en época tan remota como 1850. Se opuso Jorge Mañach diciendo, poco más o menos: yo no cedo al convencional en devoción por la memoria de Teurbe Tolón, pero me opongo a que su nombre sea incluido en el artículo porque corremos el riesgo de convertir a la Constitución en un "panteón de figuras ilustres". La historia enseña que la enmienda fue rechazada. No hizo falta un gran discurso. Bastó con una pequeña demostración de agudeza.

El espiritismo de Blas Roca

El artículo 35 de la Constitución estableció la libertad del ejercicio de todas las religiones y de todos los cultos "sin otra limitación que el respeto a la moral cristiana y al orden público".La impugnación de la referencia a la moral cristiana estuvo a cargo de Blas Roca quien señaló que no era justo hablar de la moral cristiana porque él había conocido en la provincia de Oriente la moral de practicantes del espiritismo que vivían afanosos por comunicarse con el más allá. Cuando se levantó Emilio Núñez Portuondo para refutar a Blas Roca, Juan Marinello pidió la palabra, por vía de interrupción y replicó con innegable gracia Núñez Portuondo: "Yo siempre he aceptado las interrupciones de los camaradas mucho más ahora que me entero que Blas Roca se comunica con los muertos". En medio de la carcajada general, Marinello agradeció la deferencia de Núñez y recurrió a su inconfundible retórica para asegurar que hablaría "sin intervenciones ultraterrenas de especie alguna".

Emilio Núñez Portuondo será recordado como un político cubano cuyo momento estelar lo alcanzó como Embajador de la República en la Organización de Naciones Unidas en 1956 y 1958 cuando denunció el genocidio por los rusos en Budapest y cuando advirtió a John Foster Dulles que Egipto ocuparía el Canal de Suez si los americanos no financiaban la represa de Aswán. Era un anticomunista con sentido del humor y hábito parlamentario. Con estas armas se dedicó a mortificar a los camaradas que tenían esa pedantería que era propia de los comunistas hasta la caída del muro de Berlín. Los comunistas se proclamaban los intérpretes infalibles de las leyes que rigen el desarrollo social. Pero Núñez, sencillamente, se negaba a tomarlos en serio.

En una oportunidad, uno de los convencionales tuvo una intervención que es posible que haya habido alguna referencia a otros convencionales, pero en que el grueso de la exposición, estaba formado por citas del Apóstol.

Cuando terminó, Blas Roca pidió la palabra por alusiones personales y, desde su escaño, replicó Núñez Portuondo: "Pero, Sr. Blas Roca si se estaba hablando de Martí". A continuación del incidente, en el diario de sesiones aparecía una palabra entre paréntesis: risas.

Una pequeñez

Blas Roca fue uno de los delegados más activos en la Asamblea Constituyente. Hombre insolente y sarcástico, despertaba la fibra agresiva y la veta chispeante de sus adversarios. Con delegados del calibre de Núñez Portuondo era natural que casi siempre saliera machacado. Sin embargo, hay que anotarle que ganó una y nada más y nada menos que frente al Dr. Ramón Grau San Martín. Uno suele recordar al Grau posterior a los panfletos demoledores de Ramón Vasconcelos, de las páginas pantuflares de Miguel de Marcos y de los editoriales a pulmón batiente de José Pardo Llada. Ese es el Grau posterior a 1944 y anterior a 1959, en que su gallardía frente al comunismo determinó el renacer de su prestigio.

Estamos hablando del Grau de 1940, cuando era el ídolo de la Cubanidad, el abanderado del poder civil y de las conquistas obreras, el, el enemigo por antonomasia del militarismo y los cuarteles. Los cubanos mirábamos a Grau con esa mezcla de admiración, esperanza y miedo con que mira el salvaje al fetiche de la tribu. Y Blas Roca, que fue un iconoclasta hasta que Fidel Castro lo obligó a ponerse de rodillas, tuvo la osadía de enfrentarse a Grau.

Blas acusó al Partido Auténtico de haber hecho mal uso de un millón de pesos que habían sido apropiados para la causa revolucionaria. En medio de la expectación general, Grau salió a contestarle y acusó a Blas Roca de "empequeñecer el debate". Cuando le tocó hablar al delegado comunista sacó del fondo oscuro de su dialéctica lo más agudo de su sarcasmo y exclamó: "se me acusa de empequeñecer el debate y es verdad. Yo he introducido en la discusión la pequeñez de un millón de pesos". En 1940, año anterior a la inflación, un millón de pesos era un millón de pesos. Para los auténticos, la contestación de Blas Roca constituyó una irreverencia sacrílega, un magnicidio moral.

Y un susto

Pero los hados eran muy poco propicios al camarada Blas. Haciendo uso de la palabra parece haber irritado al delegado Villareño Miguel Suárez Fernández, que dio en su escaño muestras de disgusto. "Tranquilícese Sr. Suárez", dijo Blas Roca, a lo que respondió Miguel: "sí, porque no lo tengo al alcance de las manos". En un Miguel Suárez de treinta y tantos años, la insinuación era para asustar al más valiente. Después, en el curso de la tarde, Miguel Suárez Fernández dijo que él no quería entrar en discusión sobre si los comunistas tenían honor, pero que quería asegurar que Blas Roca era un hombre sin honor porque él lo había oído en un Juzgado Correccional afirmar que el honor era un prejuicio burgués que no le interesaba. Blas Roca se aconsejó... y no hubo nada.

Enter Chibás

Desde los finales de 1939 el pueblo finlandés había cortado la respiración del resto de la humanidad. El espectáculo de un país de tres millones de habitantes, conteniendo, primero, y derrotando, después, al ejército soviético, era la admiración del mundo entero. El mariscal Karl Gustav Mannerheim llegó a alcanzar la popularidad y el prestigio que después tuviera Moshe Dayan cuando la guerra árabe-israelita de los seis días. Eduardo Chibás, delegado a la convención por la provincia de La Habana, propuso enviar un mensaje de solidaridad a Finlandia y se enfrentó a la oposición airada de los cinco delegados del Partido Comunista. El peso de la discusión lo llevó Juan Marinello quien llegó a calificar a Chibás de "imbécil". Conciliador, el presidente de la Asamblea sugirió que el epíteto había sido utilizado en un momento de ira y pidió al orador que lo retirara. "Ha sido dicho en un momento de serenísima conciencia de este delegado y no lo retiro", dijo Marinello con su característica altanería. Chibás, por su parte, afirmó que algo debía haber correcto en su postura cuando se había ganado el insulto de la delegación del Partido Comunista. La moción, ni que decirlo, fue aprobada por abrumadora mayoría. Nadie podrá quitarle ese honor a la Convención... ni a Chibás.

Presencia de Jorge Mañach

Delegado por la Provincia de Santa Clara, después Las Villas, Jorge Mañach aportó a la convención una gran dosis de rebuscamiento, sabiduría política y agudeza mental. En su propaganda electoral preguntaba si recuerdan a este sagüero con nombre de estornudo y, ya delegado, fue superior a Juan Marinello e inferior únicamente a Francisco Ichaso en lo que se refiere a depuración del lenguaje. Mañach repudiaba la "connotación confesional" que pudiera atribuirse a la expresión "moral cristiana". Marinello nunca habló de "alumnos" o "estudiantes" en la sección del Título relativo a la Cultura, sino de "educandos", pero quien ganó el premio fue el inolvidable Paco Ichaso cuando expresó que algunos delegados exhibían en la solapa "la flor negra de la garrulería" queriendo decir que hablaban demasiado. El grupo minorista había llegado si no al poder, al primer plano de la vida pública.

Mañach ya había escrito su biografía de El Apóstol y su Indagación del Choteo y tenía una visión muy equilibrada y comprensiva de los problemas cubanos. Un día se habló de las contradicciones de una oposición que agrupaba a auténticos y a abecedarios y, observando que, en las filas de la mayoría tomaban asiento José Manuel Casanova, presidente de la Asociación Nacional de Hacendados, y los delegados del Partido Comunista, contestó Mañach: "Aquí las diferencias son de gallardete, pero entre ustedes son de banderas".

El presidente de los Hacendados y puntal de las clases económicas cubanas no quedaba a la zaga en buen humor. En un debate en que salieron a relucir los atropellos de los campesinos de Ventas de Casanova, que tuvieron efecto en la provincia de Oriente, el delegado, dueño del Central Orozco, que estaba en Pinar del Río, pidió que constara en el diario que ese Casanova no era él. Es de suponer que hasta los comunistas lo aplaudieron.

El Monte Everest de la Convención

Pero en un trabajo sobre la agudeza mental en la Convención hay que reservar el capítulo especial para

Orestes Ferrara. Aquella histórica asamblea contó con una legión de juristas, políticos y varones buenos peritos en el arte de decir. Entre ellos, descollaba Ferrara que fue el Monte Everest de la Convención. Y, como cumbre al fin, no puede negarse que estuvo solo. En un ambiente en que el que más y el que menos tenía como modelo la Constitución de Weimar y la que se dieron los españoles en 1931 y en que casi todos abogaban por el aumento del ámbito de actuación de los gobiernos, a expensas de la libertad del ciudadano. Ferrara encarnaba el constitucionalismo liberal del siglo XIX, la prevención contra el Estado y la defensa incondicional del individuo.

Cuando se discutió la parte dogmática, el punto que consagra los derechos individuales, Ferrara se situó a la vanguardia de los ciudadanos frente al poder. Cuba había salido de un proceso en que los delegados auténticos, abecedarios, nacionalistas y comunistas habían sido revolucionarios y en que Ferrara había sido poder. Sin embargo, era Ferrara quien tildaba de "draconianas" las medidas que proponían los revolucionarios y que armaban al Estado haciendo ceder al ciudadano.

Hombre original e independiente, cuando se discutió el artículo 22 defendió la retroactividad absoluta de las leyes civiles porque una ley tenía que ser mejor que la que la precedía. ¿No se advierte la fe en los Parlamentos y en el progreso de los viejos liberales? Sin embargo, cuando se discutió el articulado a la protección que el Estado debía prestar a la familia y a la cultura se revolvió airado en su escaño y pintó ante la asamblea el cuadro deplorable que se produce cuando el burócrata empieza a meter las narices en lo íntimo de la persona humana. Consciente que tras el burócrata suele venir la policía, Ferrara no quería al Estado husmeando en la familia, ni entrometiéndose en la cultura y se opuso a la inserción de estos títulos advirtiendo que al Estado intervencionista era mejor decirle. "Médico, cúrate a ti mismo".Del Estado, como de los griegos Ferrara no quería ni regalos.

Alguien le reprochó desconocer las corrientes de la historia de no estar en sintonía con las nuevas ondas de la historia de haberse petrificado conceptualmente en el siglo XIX. "Sí –replicó Ferrara– yo he venido a esta convención a defender las ideas del siglo XIX, que fue el siglo en que se consagraron las libertades, contra las ideas del siglo XX, que es el siglo en que se han desarrollado los totalitarismos".

Esta soledad de la cumbre se advirtió de nuevo cuando se discutió el Título Sexto que contiene el articulado relativo al Estado y el Trabajo. Cuba vivía momentos de verdadera efervescencia progresista. A partir de 1933, la república de "generales y doctores" se había impregnado de contenido social y en la mente de todos estaba sustraer las conquistas obreras de los vaivenes de la política dándoles la jerarquía y estabilidad de un precepto constitucional. En la mente de todos menos en la de Ferrara, el profesor que disertaba en la cátedra sobre Kelsen y Jellinek y que rechazaba la herejía de llevar a la "ley de leyes", lo que debía figurar en un reglamento del Ministerio del Trabajo. Ferrara se opuso y Ferrara perdió. Y a todo lo largo de la Sección Primera del Título Sexto, entre los artículos 60 y 75 aparecen establecidos el sueldo mínimo, la prohibición de pagar en vales, la jornada máxima de ocho horas, el derecho al descanso retribuido, a la sindicalización, a la huelga y a los seguros sociales, la prohibición de colocar menores de catorce años, la licencia retribuida por maternidad, los dos descansos durante el período de lactancia y hasta el derecho de los macheteros a ser liquidados quincenalmente.

El profesor fue perdiendo estas batallas hasta que llegó su momento estelar, la discusión de la parte orgánica de la Constitución, que es la parte en que se organiza el Estado. Ferrara se opuso a las dos tentativas de modificar las estructuras tradicionales del Estado cubano derrotando el "unicameralismo", propuesto por el Partido Comunista y eficazmente defendido por Juan Marinello y el "Senado corporativo", propuesto por el ABC y brillantemente defendido por Joaquín Martínez Sáenz y Jorge Mañach.

Ingenio de la Polémica

Y a todo lo largo de la intensa polémica fue dejando Ferrara las huellas de su agudísimo ingenio.

Convertido en némesis de la delegación comunista solía referirse a ellos como "señores reaccionarios".

Una tarde Blas Roca dijo que en Rusia eran los obreros y no los burgueses los que iban al teatro y replicó Ferrara: "¿Pero como quiere Su Señoría que los burgueses vayan al teatro si los han matado a todos?" y preguntó: "¿Usted quiere que los muertos vayan al teatro?"

En otra oportunidad el propio Blas Roca señaló que los comunistas pasaban por la Universidad... "Y también los tranvías", replicó Ferrara.

Su encuentro con Eusebio Mujal no pudo ser más detonante. La primera vez que lo oyó hablar preguntó: "¿Quién es este Chibás campesino?" y la respuesta del después Secretario General de la Confederación de Trabajadores de Cuba fue de tantos decibeles que, muchos años después, Carlos Márquez Sterling dijo que, durante la Convención, atravesó Mujal el período de "sus mayores insolencias". Ferrara siempre se refería al joven convencional por la provincia de Oriente catalanizando en forma exagerada la "j" y la "l" de sus apellidos y aseguraba que un hombre con patronímicos tan eufónicos como Mujal y Barniol estaba llamado a grandes destinos. Hace unos días comentaba con Santiago Rey otro de los memorables intercambios entre estos dos convencionales que, dicho sea incidentalmente, salieron de la Asamblea muy buenos amigos. Dijo Ferrara: "El Sr. Mujal no debe hablar. "El Sr. Mujal no debe pensar" y entonces,"¿que puedo hacer?" preguntó Mujal. Y replicó Ferrara: "El Sr. Mujal lo que tiene es que estudiar".

Sin embargo de todas las intervenciones mordaces de Orestes Ferrara es esa la, que ha ganado universal aclamación. La víctima del chascarrillo fue, naturalmente, Blas Roca. Se discutía la parte dogmática de la Constitución y se señalaba a Rusia como modelo de tiranía. Un Blas Roca molesto dijo que en "Rusia los ciudadanos podían criticar al gobierno". "Ma, una sola vez", replicó Ferrara y me contaba hace años Carlos Prío Socarrás que estaba sentado muy cerca que, al tiempo que decía "Ma, una sola vez" se pasaba el dedo índice por el cuello indicando que le cortaban la cabeza.

Una que perdió

La Constitución de 1940 establece que el Senado "se compone de nueve senadores por provincia, elegidos en cada una por un período de cuatro años por sufragio "universal, igual, directo y secreto". Se aparta de la tradición establecida en la Constitución de 1901 en que los senadores eran cuatro por provincia y elegidos por un período de ocho años, por los consejeros provinciales y por doble número de compromisarios constituidos en Junta Electoral. "El constituyente del Uno quiso dar mayor estabilidad al cuerpo de "los padres conscriptos" y sustraer la elección del fragor de la contienda política lo que permitió que llegaran al Senado figuras de la jerarquía de Antonio Sánchez de Bustamante, Eduardo Dolz, Maza y Artola y Manuel Sanguily.

El Partido del General Menocal quiso conservar el precepto de la Constitución del Uno y fue impugnado por Orestes Ferrara. La defensa estuvo a cargo de un joven delegado cienfueguero que ya había mostrado su calidad y su fuste defendiendo el derecho de Las Villas a la Ciénaga de Zapata que había sido cuestionado por un delegado matancero. Siempre mordaz, Ferrara preguntó al convencional joven si no creía que ocho años era un período demasiado largo para un senador. Y la réplica salió restallante: "No creo que es demasiado largo porque más larga ha sido la vida política de Su Señoría y todos estamos muy contentos de tenerlo aquí". El joven convencional se encuentra entre nosotros en la noche de hoy. Se llama Santiago Rey. Por lo menos ésa había perdido Ferrara.

En el Cincuentenario

Las sesiones de la Asamblea Constituyente fueron de un gran calibre intelectual y jurídico. José Manuel Cortina defendía los dictámenes de la Comisión formada por delegados de todos los partidos, que se sometían al pleno. Y, frente a la suprema elocuencia de Cortina se alzaban las voces que surgían del pasado como Orestes Ferrara, Antonio Bravo Acosta, Rafael Guas Inclán y otras que se proyectaban hacia el futuro como las de Jorge Mañach, Carlos Prío Socarrás, Miguel Suárez Fernández y Santiago Rey.

Fue una asamblea de gran oratoria y sabiduría jurídica. Pero también lo fue de agudeza y buen humor. Yo he procurado recordar algunos incidentes matizados por el ingenio y girando contra recuerdos y lecturas que tienen, desgraciadamente, más años de la cuenta. Hace cincuenta años delegados del pueblo de Cuba se reunieron en Convención Constituyente a fin de dotarlo de una nueva Ley Fundamental que consolide su organización como estado independiente y soberano apto para asegurar la libertad y la justicia, mantener el orden y promover el bienestar general. Y se acordó, invocando el favor de Dios, la Constitución de 1940. Han transcurrido cincuenta años y otra vez el pueblo cubano se ve en la necesidad de organizarse como estado para garantizar la libertad, la justicia, el orden y el bienestar general. El día en que se reúnan los delegados de ese pueblo, que sigue siendo uno sólo, a pesar de la separación de tantos años, no está muy lejano.

Y es de pedir a Dios que, al producirse esa reunión, se exhiban el patriotismo y la sabiduría y también la agudeza y el buen humor que caracterizó a la Convención Constituyente de 1940.

PRIMERO DE MAYO [10]

En los primeros días de mayo de 1886, diez obreros y un policía cayeron en las calles de Chicago, frente a la fábrica McCormick y en el Haymarket Square, en encuentros motivados por la implantación de la jornada de ocho horas. Algunos meses después, el norteamericano Parsons y los emigrados alemanes Spies, Engel y Fisher subían al patíbulo condenados por incitar a la violencia, mientras que un quinto encartado, llamado Ling, escapaba de la horca por la vía del suicidio. A Schwab y Filden, también encartados en la causa, se les conmutó la pena de muerte por su avanzada edad y, algunos años después, habrían de salir de la prisión, indultados por el gobernador de Illinois, Louis Altgeld, un gran político de los Estados Unidos que desafió las iras de las multitudes y puso fin a su carrera política llevado del afán que resplandeciera la justicia.

Las Primeras Celebraciones

A partir de 1886, el Primero de Mayo se convierte en símbolo de las reivindicaciones proletarias. En 1889 el Congreso Socialista de París consagra la fecha como Día Internacional del Trabajo y, apenas un año después, el joven proletariado cubano desfila por las calles de La Habana, desde el Campo de Marte hasta la intersección de las calles de Virtudes y Consulado, donde se levantaba

---

[10] Publicado en *Diario Las Américas* el 30 de abril, y el 1 y el 2 de mayo, de 1990, Pág. 4-A.

entonces un "skating ring", honrando la memoria de los mártires de Chicago y bajo el estandarte de las ocho horas.

El desfile es pacífico y, en la concentración final, una verdadera muchedumbre escucha los radicales planteamientos de una docena de oradores.

En los años 1891, 1892 y 1893, celebran los obreros el Primero de Mayo en los locales del teatro "Irijoa", que después habría de llamarse "Martí". Pero ya en 1894, el Capitán General niega el permiso para la celebración. El gobierno colonial no tiene pelo de tonto y sabe que los obreros, que se han reunido en los locales del Centro Gallego para celebrar un Congreso Nacional, lo que están reclamando es la jornada de ocho horas y la independencia de la patria.

Llega la República

Durante los años de la Intervención y en la alborada de la República vive el proletariado una etapa de ejemplar desprendimiento y de estimulante patriotismo. Un dirigente de la época, Enrique Messonier, ordena la vuelta al trabajo cuando la persistencia de una huelga pone en peligro la instauración de la República. Otro, Cabal y Flores, lanza un manifiesto pidiendo a sus "hermanos de clase" que se descuenten un 10% en sus salarios para pagar al Ejército Libertador y evitar que la joven República incurra en deudas.

Es la época en que el gremio del transporte se va a la huelga por la jornada de ocho horas, en que los anarquistas refunfuñan contra el cura, el burgués y el policía desde los periódicos "Tierra" y "El Reconcentrado" y en que un Partido Obrero de la Isla de Cuba presenta 33 reivindicaciones a la República que Carlos Loveira llamara de "generales y doctores". Ya los obreros han escuchado a Máximo Gómez pedirles que no comprometan con sus huelgas la estabilidad de la nación y han oído a Manuel Sanguily recomendarles resignación porque "señores obreros, la injusticia social, es el cáncer de la civilización que no han podido resolverlas naciones de la Europa". Es la época pre-marxista de Carlos Baliño, de los discursos líricos y de la búsqueda a tientas de la justicia.

El Primero de Mayo se celebraba entonces con romerías y giras campestres, con discursos y poesías, almuerzos, laguer y ediciones especiales de los periódicos proletarios. Hace años algún habanero viejo me contaba cómo los obreros dejaban temprano su trabajo cruzaban en lanchas la bahía y caminaban hasta la Playa del Chivo, cerca del Morro y allí pasaban el resto de la tarde quejándose de los capataces españoles, protestando contra los patrones tabaqueros que les pagaban en "luises" depreciados y escuchando discursos sobre la "patria Universal" y la "redención humana".

Hacia 1917 ha variado la temperatura espiritual del proletariado que va teniendo sus primeros mártires (Casañas, Montero y Sarría, muertos en Cruces), sus primeros ideólogos (como Antonio Penichet) y que ya cuenta con un Centro Obrero (fundado en 1914 y con locales en Egido 2) que coordina y dirige la lucha clasista.

El Primero de Mayo de 1917 se paralizan las actividades en varios centros de la capital y se ofrecen mítines por la mañana y por la tarde. Por la noche hay una velada en el teatro "Iris" donde ser presenta una obra que exalta a los trabajadores. Se trata del drama "Juan José", de Joaquín Dicenta.

En 1918 se celebran sendos mítines en los teatros "Payret" y"Nacional" y, por primera vez, se hace llegar al gobierno un pliego de reivindicaciones económicas y políticas.

En 1919 por primera vez se paraliza el tránsito entonces formado por tranvías, coches y "fotingos" y por primera vez después de la instauración de la República se produce un desfile: los obreros salen del Centro de Egido en manifestación hasta el Cementerio de Colón, donde depositan flores en la tumba de Robustiano Fernández, un obrero muerto en una huelga de marzo de ese año. Por la noche hay una velada en el Teatro "Payret"., donde habla la friolera de 27 oradores y se canta el himno "Redención", de Rosendo Ruíz.

En 1920 no hay desfile porque los obreros están en huelga. El paro es bastante general y en la ciudad se sienten estallar algunas bombas. El gobierno cierra el Centro Obrero de Egido 2 y un periodista, entonces muy joven, declara que "de todos los crímenes que comete el hombre ninguno tan reprochable como éste de colocar petardos a la vuelta de la esquina so pretexto de reivindicar derechos" al tiempo que pide a las colectividades obreras que "rechacen y condenen por salvajes y repugnantes" los procedimientos de poner bombas. Con los años el joven periodista habría de convertirse en una de las figuras más brillantes y combativas de la vida cubana. ¿No lo ha identificado el lector? Se trata de Pepín Rivero.

Un Decreto y un Olivo

Entre 1921 y 1924 se cumple una vieja ley de dinámica social –la que enseña que en las épocas de penuria general languidecen las luchas proletarias– y, bajo el impacto de la crisis económica y la quiebra de los bancos, no se celebra el Primero de Mayo. Por aquella época ocupa la alcaldía de Regla un raro personaje llamado Antonio Bosch del que daría cualquier cosa por tener mayores antecedentes. En 1921, Bosch ordena que las oficinas municipales vaquen el Primero de Mayo (lo que me parece muy bien), y, en 1924, planta un olivo en una loma aledaña a la villa en homenaje a Lenin(lo que revela la confusión de la época). Todavía no se ha formado el Partido Comunista de Cuba y ya, en las cercanías del pueblo que los cronistas llamaba, con deliciosa cursilería, "ultramarino" hay una colina Lenine, como se decía entonces.

Tensiones y Sangre

En 1925 resurge, con renovado brío, la celebración del Primero de Mayo. Hay un acto en el Nuevo Frontón (donde después se alzó el Palacio de los Trabajadores) y un desfile que arranca del Campo de Marte. En el mitin hace uso de la palabra un joven exaltado que se hace llamar Julio Antonio Mella y, en la muchedumbre, según se cuenta, se vieron, por primera vez, algunas banderas rojas. En el costado del proletariado se inserta el movimiento comunista que habrá de infectar al movimiento con la intransigencia, el matonismo, el vocabulario insultante, las organizaciones de bolsillo y otras malas artes.

En los cuatro años subsiguientes (1926-1929) se reproducen las escenas. Siempre el mitin gigantesco en el Nuevo Frontón y otra vez los desfiles que parten del Campo de Marte o del Parque Maceo. En estos actos se advierten las pugnas entre la Federación Obrera de La Habana y los comunistas que se han apoderado de la CNOC (Confederación Nacional Obrera de Cuba). En 1929, Gabriel Barceló convierte el mitin del Nuevo Frontón en catilinaria contra Machado, casi al mismo tiempo que los reformistas de Arévalo proclaman al General Presidente "primer obrero de la república".

En 1930, la policía disolvió a palos, tiros y culatazos la peregrinación a la Colina Lenine y, entre 1931 y 1933, el gobierno no dio permiso para desfiles ni para concentraciones. Corrían entonces los años turbulentos de la revolución contra Machado y las calderas de la historia estaban cocinando acontecimientos frenéticos. El 12 de agosto, la "dragonada" del 4 de septiembre (como la llamó Jorge Mañach), el gobierno de los cien días, la instalación de soviets en los centrales Mabay y Senado. La historia de Cuba estaba recibiendo un vuelco dramático. La República de "generales y doctores" habría de impregnarse de contenido social, pero al precio que la nación perdiera el equilibrio.

> **Este Primero de Mayo
> habrán de pasarlo
> los obreros cubanos,
> bajo el yugo de los comisarios,
> con los sindicatos prostituídos,
> sus conquistas pisoteadas y sus
> verdaderos dirigentes exiliados,
> presos o muertos.**

En los años de terror de la post-revolución (como los llamaba Ramón Vasconcelos) los comunistas, parapetados en la CNOC, organizan un desfile el Primero de Mayo.

Chocan con la policía y los organismos clandestinos del Partido Comunista denuncian "el salvajismo de los nuevos porristas, los del régimen Batista-Mendienta-ABC, al servicio de la Embajada yanqui". Después de la huelga de marzo de 1935, no pueden celebrarse desfiles en 1935 y 1936. Pero, ya en 1937, al amparo de la política de "mano tendida"que puso de moda el stalinista sonrosado Maxin Litvinof, los comunistas se las agencian para pactar con Batista y apoderarse del movimiento obrero. Hay un interregno rojo en la celebración de la fiesta proletaria. Entre 1937 y 1946, Lázaro Peña tiene la batuta en una mano y el garrote en la otra. Los obreros desfilan por las calles y los desfiles culminan en un acto frente a Palacio donde el viejo bonzo anuncia un paso adelante y dos pasos atrás.

Climax

En 1947, los auténticos sacaron a los comunistas de la CTC (Confederación de Trabajadores de Cuba) y la celebración del Primero de Mayo alcanza su clímax de intensidad y pujanza. Los actos son masivos. Los desfiles, ordenados. En todos estos actos los obreros presentan sus reivindicaciones al gobierno y contribuyen a la creación de una República en que el 66% del producto nacional se dedica al sector trabajo. Los obreros reclaman aumentos de salarios, el saco de 200 libras y la superproducción y el diferencial; al tiempo que se pronuncian contra los embarques de azúcar a granel y el despido compensado.

No siempre tenían razón en sus planteamientos, pero casi siempre los gobiernos accedía a ellos. Es una época de sindicalismo desbordado en que el movimiento obrero, por una de esas insólitas paradojas de la historia de Cuba es, simultáneamente, caldera y freno de nuestro desarrollo.

El 10 de marzo enclaustra la celebración del Primero de Mayo en el teatro de la CTC. No hay desfiles, pero sí hay peticiones. Cada Primero de Mayo hay un pliego de reivindicaciones y se escucha la voz de un proletariado que exige.

Anticlimax

Tras la captura del poder por los comunistas, también el Primero de Mayo ha sido objeto de uno de esos cambios cualitativos propios de los regímenes marxistas. Antes desfilaban los obreros reclamando mejoras. Ahora, si algo desfila son los tanques rusos y las camionetas blindadas checas anunciando nuevas imposiciones y proclamando nuevas demandas. Antes, los obreros hablaban. Ahora doblan la espalda sobre el surco y cumplen la vieja consigna fidelista de "escuchar quietos y en silencio" (sic).

Este Primero de Mayo habrán de pasarlo los obreros cubanos bajo el yugo de los comisarios, con sus sindicatos prostituidos, sus conquistas pisoteadas y sus verdaderos dirigentes exiliados, presos o muertos. Los obreros cubanos fueron obligados a renunciar a lo que el desaparecido bonzo Lázaro Peña llamó "las ventajas del economismo" y han sido despojados de las ocho horas, de las comisiones paritarias, de las vacaciones, de la contratación colectiva, de todas las conquistas que habían alcanzado con esfuerzo, inteligencia y sangre en los años de República.

Final

Pero ya se avizora el final. El régimen de Fidel Castro es una charca de estancamiento en un mundo donde fluye la corriente de la libertad. El final no está lejano y los obreros volverán a los días de los desfiles y las concentraciones, de las luchas apasionadas por la libertad y las conquistas, de los días de diálogo inteligente y fecundo entre todos los que concurren a las tareas de la producción y la creación del bienestar, en un ambiente de respeto y de libre empresa, de sindicalismo y de conciliación, dentro de los marcos de la tradición cubana mejorada por lo que hemos aprendido en estos treinta años. Que así Dios nos ayude.

LOS PRESIDENTES CUBANOS QUE SUFRIERON PRISIÓN [11]

Si prescindimos de tres brevísimas interinaturas en el curso de su historia como República independiente, Cuba tuvo doce presidentes. De ellos nueve sufrieron prisión política, según recordara en lucida conferencia el Dr. Santiago Rey quien fuera parlamentario muy distinguido de la Cuba de ayer.

Nuestro primer presidente, D. Tomás Estada Palma, fue preso por los españoles, cuando la Guerra Grande y enviado al Castillo de Figueras en la península, donde permaneció hasta que se firmara el Pacto de Zanjón en 1878. D. Tomás fue presidente entre 1902 y 1906 en que una revolución lo sacó del poder motivando una intervención americana. ¿Su delito? Infidencia. El mismo que llevará a la prisión a José Martí.

El Licenciado Alfredo Zayas y Alfonso no fue a la manigua, como su hermano Juan Bruno, a quien Santiago Rey proclamara el Agramonte de la Guerra del 95. Pero en la ciudad fue lo que hoy hubiéramos llamado un "agitador urbano". Tanto que, en 1896, los españoles le echaron el guante y lo enviaron a Chafarinas y a Ceuta. Presidente de 1920 a 1924; abogado, conciliador y poeta en un medio de generales, tremendistas y revolucionarios, Zayas jamás perdió la calma. Fue nuestro cuarto presidente.

---

[11] Publicado en *Diario Las Américas*, el 31 de marzo de 1984, Pág. 5-A.

José Miguel Gómez entró en nuestra historia por la puerta grande de la heroicidad. Al frente de los espirituanos batió a los españoles en Arroyo Blanco en Las Villas y cuando el primer interventor americano lo nombró gobernador de Santa Clara llegó a la posición acompañado por Ferrara, Mendieta, Villuendas... los tres mosqueteros villareños; gentes, los tres, de oratoria, duelos, discernimiento, patriotismo y talento. Fue nuestro segundo presidente, de 1908 a 1912. En 1916 se levantó en armas contra lo que se ha llamado "el cambiazo" de las elecciones de ese año y, derrotado por el gobierno del General Menocal, en Caicaje, dio con su hijo Miguel Mariano, con su generalato, su carisma y su prestigio en la prisión de La Cabaña de donde salió muy pronto por la hidalguía de su histórico adversario: el General Menocal.

En esa revolución, llamada de "La Chambelona", participó el General Gerardo Machado, secretario de gobernación de José Miguel, general de la guerra de independencia y alcalde de Villaclara cuando la intervención. Pero nos cuenta Santiago Rey que no pudo llegar al campo, porque la policía lo puso a buen recaudo. Sea como fuere. El hecho objetivo y evidente, es que cuando la revolución de "La Chambelona", derrotada en Caicaje por "el brazo de Rosendo Collazo", tres presidentes cubanos guardaron prisión:José Miguel, Miguel Mariano y Machado.

Era la primera vez que un cubano, Menocal, ponía en prisión a un compatriota que había sido presidente (José Miguel) y a dos que estaban llamados a serlo (Miguel Mariano y Machado). Pero "pasó un día y otro día y un mes y otro mes" y, en 1924, un 20 de mayo, llegó a la presidencia el General Machado y Morales. Como cantaba una copla de la época "hubo elecciones, tiros y cuestiones" y, en 1931, el General Mario García Menocal tomó el camino de la insurrección. Derrotado en Río Verde, en Pinar del Río, fue llevado a La Cabaña. Santiago Rey fue fervoroso menocalista y recuerda la vinculación Menocal con el General Calixto García, su condición de primer jefe de policía de la capital y de creador de riqueza azucarera en la provincia de Oriente. En esa revolución también cayó preso el Coronel Carlos Mendieta y Montefur, de la Guerra de Independencia, famoso por su valor y por su probidad, jefe de la policía de Sagua la Grande cuando la Intervención y hombre que contribuyó a normalizar la República en la década de los años treinta cuando se desataron las furias.Un año antes, en 1930, con motivo de la muerte del estudiante Rafael Trejo, llevaron a Columbia al Dr. Ramón Grau San Martín y al Castillo del Príncipe a Carlos Prío Socarrás. Los dos estaban vinculados con el movimiento estudiantil.

En la historia se participa y sobre ella se reflexiona. Santiago Rey participó con una espada en la mano. Ahora está reflexionando. Con una documentación fuera de lo corriente y una objetividad y un patriotismo que lo honran. Porque, en Santiago, el pasado no está gravitando sobre el presente y ofrece imágenes reales y justas con esa vehemencia de quien ama. Y ya lo dijo Sócrates: "Todo lo que sé, lo sé por amor".

EL APÓSTOL, LA REVOLUCIÓN Y LAS PASIONES [12]

En su libro "Entre lágrimas y risas", sentenció Ling Yu Tang que leer a Tucídides costaba ochenta y cinco centavos (precio preinflacionario de los libros) pero que no leerlo pudiera costar torrentes de sangre y millares de vidas. Quien sabe si las desgracias de los cubanos se deban a que José Martí era para nosotros "un ilustre desconocido". El inolvidable Jorge Mañach dijo que "la noción que de Martí y su obra tienen los cubanos es sumamente precaria". Que se trata, añadió con su insuperable adjetivación, de un conocimiento "meramente alusivo" y, cuando no, fragmentario y superficial". Quien sabe si el desconocimiento de la obra y la falta de fusión con el espíritu de José Martí sean, en buena medida, causa de nuestras desdichas.

El 26 de octubre de 1884, José Martí escribió para "La Nación"de Buenos Aires, una primorosa crónica sobre el Día del Trabajo:"un inmenso día festivo para todos los trabajadores de la nación"."Martillos abajo, almas arriba". Martí está fascinado con el espectáculo que ofrecen veinte mil trabajadores que desfilan por las calles de Nueva York. "Limpísimo está Broadway, como las calles de Roma cuando iban a entrar los triunfadores". "Qué hermosura, qué aseo, qué grandeza", exclama el apóstol frente a la parada de "estas gentes humildes, estos viejos

---

[12] Publicado en *Diario Las Américas*, el 30 de enero de 1990,Pág. 4-A.

honrados, estas mujeres enfermizas, estos creadores de sí propios". El espectáculo solemne, piensa Martí, "decidirá a obrar en justicia a los abusadores y entrará en miedo a los déspotas" porque "mal le irá a quien quiera sentarse sobre todos estos hombres".

Llama la atención del Apóstol una alegoría pintada en un lienzo que provoca el aplauso de la concurrencia. "Un trabajador lleva a cuestas, como carga que lo abruma" una caricatura de Jay Gould, uno de los arquetipos de la edad de hierro del capitalismo americano. Martí dice que Gould manipula innumerables empresas"con goce frío y maligno", que "juega como con una perinola con la bolsa", que lo mismo hace surgir un ferrocarril que lo hunde y que por su egoísmo, "sus medios tortuosos y la frialdad de su corazón" ha llegado a ser "reciamente odiado".

José Martí señala algo que hoy sabemos que es cierto, pero que en aquel momento era genial y gloriosa profecía: "por la libertad fue la revolución del siglo XVIII; por la prosperidad será la de este". Y así ha sido. A todo lo largo de los siglos XIX y XX, más que libertad, los pueblos han buscado el desarrollo y el medio adecuado, siguiendo la prédica marxista-leninista, ha sido la revolución. Pero Martí observa que detrás del obrero que lleva a Jay Gould sobre sus espaldas y que aparece "encorvado bajo su peso" hay un letrero en el que se lee "no hay más que dos remedios". Y allí están los dos remedios a su lado: una mujer de terrible hermosura, vestida de rojo, procura atraer la atención del trabajador que le vuelve la espalda: es la revolución, recurso que sólo ha de tentarse cuando todos los demás hayan fracasado; del lado opuesto otra mujer, de belleza serena, enseña la urna del voto al trabajador". José Martí exhorta a los trabajadores a la "meritoria paciencia" y concluye: "estos son los héroes de la hora: los que doman sus pasiones".

Buena parte de la tragedia de los cubanos es que no supimos dominar nuestras pasiones y renunciamos a ser los héroes de la hora. Buena parte de nuestra tragedia, además es que preferimos a la mujer vestida de rojo y despreciamos la serena belleza de la otra mujer, la que llevaba la urna. Si los cubanos hubiéramos leído a Martí, si hubiéramos conocido su obra y fundido con su espíritu, nos hubiéramos ahorrado estos treinta años de tiranía y de tristeza. Pero no fue así.

Los cubanos que ya estamos vacunados contra el comunismo, en el mañana próximo de libertad debemos domar nuestras pasiones y vivir en guardia contra los revolucionarios y las revoluciones. Sólo así seguiremos las enseñanzas de José Martí y nos ahorraremos los torrentes de sangre que se producen y los millares de vidas que se pierden cuando no se lee a Tucídides... o a José Martí.

COLECCIÓN CUBA Y SUS JUECES
(libros de historia y política publicados por EDICIONES UNIVERSAL):

0-6	MÁXIMO GÓMEZ ¿CAUDILLO O DICTADOR?, Florencio García Cisneros
0359-6	CUBA EN 1830, Jorge J. Beato & Miguel F. Garrido
044-5	LA AGRICULTURA CUBANA (1934-1966), Oscar A. Echevarría Salvat
045-3	LA AYUDA CUBANA A LA LUCHA POR LA INDEPENDENCIA NORTEAMERICANA, Eduardo J. Tejera
046-1	CUBA Y LA CASA DE AUSTRIA, Nicasio Silverio Saínz
047-X	CUBA, UNA ISLA QUE CUBRIERON DE SANGRE, Enrique Cazade
048-8	CUBA, CONCIENCIA Y REVOLUCIÓN, Luis Aguilar León
049-6	TRES VIDAS PARALELAS, Nicasio Silverio Saínz
050-X	HISTORIA DE CUBA, Calixto C. Masó
051-8	RAÍCES DEL ALMA CUBANA, Florinda Alzaga
118-2	EL ARTE EN CUBA, Martha de Castro
119-0	JALONES DE GLORIA MAMBISA, Juan J.E. Casasús
123-9	HISTORIA DEL PARTIDO COMUNISTA DE CUBA, Jorge García Montes y Antonio Alonso Avila
131-X	EN LA CUBA DE CASTRO (APUNTES DE UN TESTIGO), Nicasio Silverio Saínz
1336-2	ANTECEDENTES DESCONOCIDOS DEL 9 DE ABRIL Y LOS PROFETAS DE LA MENTIRA, Ángel Aparicio Laurencio
136-0	EL CASO PADILLA: LITERATURA Y REVOLUCIÓN EN CUBA Lourdes Casal
139-5	JOAQUÍN ALBARRÁN, ENSAYO BIOGRÁFICO, Raoul García
157-3	VIAJANDO POR LA CUBA QUE FUE LIBRE, Josefina Inclán
165-4	VIDAS CUBANAS - CUBAN LIVES.- VOL. I., José Ignacio Lasaga
205-7	VIGENCIA POLÍTICA Y LITERARIA DE MARTÍN MORÚA DELGADO, Aleyda T. Portuondo
205-7	CUBA, TODOS CULPABLES, Raul Acosta Rubio
207-3	MEMORIAS DE UN DESMEMORIADO-LEÑA PARA EL FUEGO DE LA HISTORIA DE CUBA, José R. García Pedrosa
211-1	HOMENAJE A FÉLIX VARELA, Sociedad Cubana de Filosofía
212-X	EL OJO DEL CICLÓN, Carlos Alberto Montaner
220-0	ÍNDICE DE LOS DOCUMENTOS Y MANUSCRITOS DELMONTINOS, Enildo A. García
240-5	AMÉRICA EN EL HORIZONTE. UNA PERSPECTIVA CULTURAL, Ernesto Ardura
243-X	LOS ESCLAVOS Y LA VIRGEN DEL COBRE, Leví Marrero
262-6	NOBLES MEMORIAS, Manuel Sanguily
274-X	JACQUES MARITAIN Y LA DEMOCRACIA CRISTIANA, José Ignacio Rasco
283-9	CUBA ENTRE DOS EXTREMOS, Alberto Muller
298-7	CRITICA AL PODER POLÍTICO, Carlos M. Méndez
293-6	HISTORIA DE LA ODONTOLOGÍA EN CUBA. VOL.I: (1492-1898), César A. Mena
310-X	HISTORIA DE LA ODONTOLOGÍA EN CUBA VOL.II: (1899-1940), César A. Mena
311-8	HISTORIA DE LA ODONTOLOGÍA EN CUBA VOL.III:(1940-1958), César A. Mena
344-4	HISTORIA DE LA ODONTOLOGÍA EN CUBA VOL IV:(1959-1983), César A. Mena
3122-0	RELIGIÓN Y POLÍTICA EN LA CUBA DEL SIGLO XIX (EL OBISPO ESPADA), Miguel Figueroa y Miranda
313-4	EL MANIFIESTO DEMÓCRATA, Carlos M. Méndez
314-2	UNA NOTA DE DERECHO PENAL, Eduardo de Acha
319-3	MARTÍ EN LOS CAMPOS DE CUBA LIBRE, Rafael Lubián
320-7	LA HABANA, Mercedes Santa Cruz (Condesa de Merlín)
328-2	OCHO AÑOS DE LUCHA - MEMORIAS, Gerardo Machado y Morales
340-1	PESIMISMO, Eduardo de Acha

347-9	EL PADRE VARELA. BIOGRAFÍA DEL FORJADOR DE LA CONCIENCIA CUBANA Antonio Hernández-Travieso	
353-3	LA GUERRA DE MARTÍ (LA LUCHA DE LOS CUBANOS POR LA INDEPENDENCIA Pedro Roig	
354-1	EN LA REVOLUCIÓN DE MARTÍ, Rafael Lubián y Arias	
358-4	EPISODIOS DE LAS GUERRAS POR LA INDEPENDENCIA DE CUBA, Rafael Lubián Arias	
364-9	MARXISMO Y DERECHO, Eduardo de Acha	
367-3	¿HACIA DONDE VAMOS? (RADIOGRAFÍA DEL PRESENTE CUBANO), Tulio Díaz Rivera	
368-1	LAS PALMAS YA NO SON VERDES (ANÁLISIS Y TESTIMONIOS DE LA TRAGEDI CUBANA), Juan Efe Noya	
374-6	GRAU: ESTADISTA Y POLÍTICO (Cincuenta años de la Historia de Cuba), Antonio Lanc	
376-2	CINCUENTA AÑOS DE PERIODISMO, Francisco Meluzá Otero	
379-7	HISTORIA DE FAMILIAS CUBANAS (VOLS.I-VI) Francisco Xavier de Santa Cruz y Mallé	
380-0	HISTORIA DE FAMILIAS CUBANAS. VOL. VII, Francisco Xavier de Santa Cruz y Mallé	
408-4	HISTORIA DE FAMILIAS CUBANAS. VOL. VIII, Francisco Xavier de Santa Cruz y Mallé	
409-2	HISTORIA DE FAMILIAS CUBANAS. VOL. IX, Francisco Xavier de Santa Cruz y Mallén	
383-5	CUBA: DESTINY AS CHOICE, Wifredo del Prado	
387-8	UN AZUL DESESPERADO, Tula Martí	
392-4	CALENDARIO MANUAL Y GUÍA DE FORASTEROS DE LA ISLA DE CUBA	
393-2	LA GRAN MENTIRA, Ricardo Adám y Silva	
403-3	APUNTES PARA LA HISTORIA. RADIO, TELEVISIÓN Y FARÁNDULA DE LA CUB DE AYER..., Enrique C. Betancourt	
407-6	VIDAS CUBANAS II/CUBAN LIVES II, José Ignacio Lasaga	
411-4	LOS ABUELOS: HISTORIA ORAL CUBANA, José B. Fernández	
413-0	ELEMENTOS DE HISTORIA DE CUBA, Rolando Espinosa	
414-9	SÍMBOLOS - FECHAS - BIOGRAFÍAS, Rolando Espinosa	
418-1	HECHOS Y LIGITIMIDADES CUBANAS. UN PLANTEAMIENTO Tulio Díaz Rivera	
425-4	A LA INGERENCIA EXTRAÑA LA VIRTUD DOMÉSTICA (biografía de Manuel Márque Sterling), Carlos Márquez Sterling	
426-2	BIOGRAFÍA DE UNA EMOCIÓN POPULAR: EL DR. GRAU Miguel Hernández-Bauzá	
428-9	THE EVOLUTION OF THE CUBAN MILITARY (1492-1986), Rafael Fermoselle	
431-9	MIS RELACIONES CON MÁXIMO GÓMEZ, Orestes Ferrara	
436-X	ALGUNOS ANÁLISIS (EL TERRORISMO. DERECHO INTERNACIONAL), Eduardo c Acha	
437-8	HISTORIA DE MI VIDA, Agustín Castellanos	
443-2	EN POS DE LA DEMOCRACIA ECONÓMICA, Varios	
450-5	VARIACIONES EN TORNO A DIOS, EL TIEMPO, LA MUERTE Y OTROS TEMA Octavio R. Costa	
451-3	LA ULTIMA NOCHE QUE PASE CONTIGO (40 AÑOS DE FARÁNDULA CUBANA/191 1959), Bobby Collazo	
458-0	CUBA: LITERATURA CLANDESTINA, José Carreño	
459-9	50 TESTIMONIOS URGENTES, José Carreño y otros	
461-0	HISPANIDAD Y CUBANIDAD, José Ignacio Rasco	
466-1	CUBAN LEADERSHIP AFTER CASTRO, Rafael Fermoselle	
483-1	JOSÉ ANTONIO SACO , Anita Arroyo	
490-4	HISTORIOLOGÍA CUBANA I (1492-1998), José Duarte Oropesa	
2580-8	HISTORIOLOGÍA CUBANA II (1998-1944), José Duarte Oropesa	
2582-4	HISTORIOLOGÍA CUBANA III (1944-1959), José Duarte Oropesa	
502-1	MAS ALLÁ DE MIS FUERZAS, William Arbelo	
508-0	LA REVOLUCIÓN, Eduardo de Acha	

510-2	GENEALOGÍA, HERÁLDICA E HISTORIA DE NUESTRAS FAMILIAS, Fernando R. de Castro y de Cárdenas	
514-5	EL LEÓN DE SANTA RITA, Florencio García Cisneros	
516-1	EL PERFIL PASTORAL DE FÉLIX VARELA, Felipe J. Estévez	
518-8	CUBA Y SU DESTINO HISTÓRICO, Ernesto Ardura	
520-X	APUNTES DESDE EL DESTIERRO, Teresa Fernández Soneira	
524-2	OPERACIÓN ESTRELLA, Melvin Mañón	
532-3	MANUEL SANGUILY. HISTORIA DE UN CIUDADANO, Octavio R. Costa	
538-2	DESPUÉS DEL SILENCIO, Fray Miguel Angel Loredo	
540-4	FUSILADOS, Eduardo de Acha	
551-X	¿QUIEN MANDA EN CUBA? LAS ESTRUCTURAS DE PODER. LA ÉLITE., Manuel Sánchez Pérez	
553-6	EL TRABAJADOR CUBANO EN EL ESTADO DE OBREROS Y CAMPESINOS, Efrén Córdova	
558-7	JOSÉ ANTONIO SACO Y LA CUBA DE HOY, Ángel Aparicio	
7886-3	MEMORIAS DE CUBA, Oscar de San Emilio	
566-8	SIN TIEMPO NI DISTANCIA, Isabel Rodríguez	
569-2	ELENA MEDEROS (UNA MUJER CON PERFIL PARA LA HISTORIA), María Luisa Guerrero	
577-3	ENRIQUE JOSÉ VARONA Y CUBA, José Sánchez Boudy	
586-2	SEIS DÍAS DE NOVIEMBRE, Byron Miguel	
588-9	CONVICTO, Francisco Navarrete	
589-7	DE EMBAJADORA A PRISIONERA POLÍTICA: ALBERTINA O'FARRILL, Víctor Pino Llerovi	
590-0	REFLEXIONES SOBRE CUBA Y SU FUTURO, Luis Aguilar León	
592-7	DOS FIGURAS CUBANAS Y UNA SOLA ACTITUD, Rosario Rexach	
598-6	II ANTOLOGÍA DE INSTANTÁNEAS, Octavio R. Costa	
600-1	DON PEPE MORA Y SU FAMILIA, Octavio R. Costa	
603-6	DISCURSOS BREVES, Eduardo de Acha	
606-0	LA CRISIS DE LA ALTA CULTURA EN CUBA - INDAGACIÓN DEL CHOTEO, Jorge Mañach (Ed. de Rosario Rexach)	
608-7	VIDA Y MILAGROS DE LA FARÁNDULA DE CUBA, Rosendo Rosell	
617-6	EL PODER JUDICIAL EN CUBA, Vicente Viñuela	
620-6	TODOS SOMOS CULPABLES, Guillermo de Zéndegui	
621-4	LUCHA OBRERA DE CUBA, Efrén Naranjo	
623-0	HISTORIOLOGÍA CUBANA IV, José Duarte Oropesa	
624-9	HISTORIA DE LA MEDICINA EN CUBA I: HOSPITALES Y CENTROS BENÉFICOS EN CUBA COLONIAL, César A. Mena y Armando F. Cobelo	
626-5	LA MÁSCARA Y EL MARAÑÓN (LA IDENTIDAD NACIONAL CUBANA), Lucrecia Artalejo	
639-7	EL HOMBRE MEDIO, Eduardo de Acha	
644-3	LA ÚNICA RECONCILIACIÓN NACIONAL ES LA RECONCILIACIÓN CON LA LEY, José Sánchez-Boudy	
645-1	FÉLIX VARELA: ANÁLISIS DE SUS IDEAS POLÍTICAS, Juan P. Esteve	
646-X	HISTORIA DE LA MEDICINA EN CUBA II, César A. Mena y Armando A. Cobelo	
647-8	REFLEXIONES SOBRE CUBA Y SU FUTURO, (segunda edición corregida y aumentada), Luis Aguilar León	
648-6	DEMOCRACIA INTEGRAL, Instituto de Solidaridad Cristiana	
652-4	ANTIRREFLEXIONES, Juan Alborná-Salado	
664-8	UN PASO AL FRENTE, Eduardo de Acha	
668-0	VIDA Y MILAGROS DE LA FARÁNDULA DE CUBA II, Rosendo Rosell	
623-0	HISTORIOLOGÍA CUBANA IV, José Duarte Oropesa	
646-X	HISTORIA DE LA MEDICINA EN CUBA II, César A. Mena	

676-1	LA REGIÓN MÁS TURBIA –¿QUÉ ES SER CUBANO?–, Uva Aragón Clavijo
677-5	HISTORIOLOGÍA CUBANA V, José Duarte Oropesa
679-6	LOS SEIS GRANDES ERRORES DE MARTÍ, Daniel Román
680-X	¿POR QUÉ FRACASÓ LA DEMOCRACIA EN CUBA?, Luis Fernández-Caubí
682-6	IMAGEN Y TRAYECTORIA DEL CUBANO EN LA HISTORIA I (1492-1902), Octavio R. Costa
683-4	IMAGEN Y TRAYECTORIA DEL CUBANO EN LA HISTORIA II (1902-1959), Octavio R. Costa
684-2	LOS DIEZ LIBROS FUNDAMENTALES DE CUBA (UNA ENCUESTA), Armando Álvarez-Bravo
686-9	HISTORIA DE LA MEDICINA EN CUBA III, César A. Mena

www.ingramcontent.com/pod-product-compliance
Lightning Source LLC
Chambersburg PA
CBHW031426290426
44110CB00011B/549